职业技能等级认定培训教程

餐厅服务员

（基础知识）

中国就业培训技术指导中心
人力资源和社会保障部职业技能鉴定中心　组织编写

中国劳动社会保障出版社

图书在版编目（CIP）数据

餐厅服务员：基础知识/中国就业培训技术指导中心，人力资源和社会保障部职业技能鉴定中心组织编写. 北京：中国劳动社会保障出版社，2024. --（职业技能等级认定培训教程）. --ISBN 978-7-5167-6567-8

I. F719.3

中国国家版本馆CIP数据核字第20248HU679号

中国劳动社会保障出版社出版发行

（北京市惠新东街1号　邮政编码：100029）

*

北京市科星印刷有限责任公司印刷装订　　新华书店经销

787毫米×1092毫米　16开本　10印张　159千字
2024年8月第1版　2024年8月第1次印刷
定价：28.00元

营销中心电话：400-606-6496
出版社网址：http://www.class.com.cn

版权专有　　侵权必究

如有印装差错，请与本社联系调换：（010）81211666
我社将与版权执法机关配合，大力打击盗印、销售和使用盗版图书活动，敬请广大读者协助举报，经查实将给予举报者奖励。
举报电话：（010）64954652

编审委员会

主　任　吴礼舵　张　斌　韩智力

副主任　葛恒双　葛　玮

委　员　李　克　朱　兵　赵　欢　王小兵　贾成千　吕红文
　　　　　瞿伟洁　高　文　郑丽媛　陆照亮　刘维伟

本书编审人员

主　编　刁洪斌　张　怡

编　者　孙　宁　李亚丽　耿宝银　黄金波　曲志明　梁全芳
　　　　　陈　汶

主　审　车延红

审　稿　张会静

前　言

为加快建立劳动者终身职业技能培训制度，全面推行职业技能等级制度，推进技能人才评价制度改革，进一步规范培训管理，提高培训质量，中国就业培训技术指导中心、人力资源和社会保障部职业技能鉴定中心组织有关专家在《餐厅服务员国家职业技能标准（2020年版）》（以下简称《标准》）制定工作基础上，编写了餐厅服务员职业技能等级认定培训教程（以下简称等级教程）。

餐厅服务员等级教程紧贴《标准》和职业培训包课程规范要求编写，内容上突出职业能力优先的编写原则，结构上按照职业功能模块分级别编写。该等级教程共包括《餐厅服务员（基础知识）》《餐厅服务员（初级）》《餐厅服务员（中级）》《餐厅服务员（高级）》《餐厅服务员（技师　高级技师）》5本。《餐厅服务员（基础知识）》是各级别餐厅服务员均需掌握的基础知识，其他各级别教程内容分别包括各级别餐厅服务员应掌握的理论知识和操作技能。

本书是餐厅服务员等级教程中的一本，是职业技能等级认定推荐教程，也是职业技能等级认定题库开发的重要依据，已纳入职业培训包教材资源，适用于职业技能等级认定培训和中短期职业技能培训。

本书在编写过程中得到山东城市服务职业学院等单位的大力支持与协助，在此一并表示衷心感谢。

中国就业培训技术指导中心
人力资源和社会保障部职业技能鉴定中心

目 录 CONTENTS

职业模块 1　职业认知与职业守则 ·· 1
　培训课程　职业认知与职业守则 ·· 3
　　学习单元 1　职业认知 ··· 3
　　学习单元 2　职业守则 ··· 7

职业模块 2　餐厅服务安全与环保知识 ··· 15
　培训课程 1　餐厅服务安全知识 ··· 17
　　学习单元 1　操作安全及财产安全 ·· 17
　　学习单元 2　食品安全 ·· 24
　培训课程 2　环保知识 ··· 27
　　学习单元　绿色酒店环保知识 ··· 27

职业模块 3　餐厅服务礼仪 ··· 31
　培训课程 1　个人服务礼仪 ··· 33
　　学习单元　个人服务礼仪 ··· 33
　培训课程 2　中西餐及酒水服务礼仪 ··· 40
　　学习单元 1　中餐服务礼仪 ·· 40
　　学习单元 2　西餐服务礼仪 ·· 44
　　学习单元 3　酒水服务礼仪 ·· 46
　培训课程 3　中外民族民俗 ··· 49
　　学习单元　中外饮食习俗 ··· 49

职业模块 4　中餐与西餐服务 ··· 53
　培训课程 1　中餐服务 ··· 55
　　学习单元 1　中餐零点服务 ·· 55
　　学习单元 2　中餐宴会服务 ·· 60

学习单元3　自助餐服务 ·· 65
　培训课程2　西餐服务 ·· 68
　　学习单元1　西餐零点服务 ·· 68
　　学习单元2　西餐宴会服务 ·· 71
　　学习单元3　咖啡厅服务 ·· 73
　　学习单元4　酒吧服务 ··· 74

职业模块5　菜品及酒水知识 ·· 79

　培训课程1　烹饪原料及其营养价值 ···································· 81
　　学习单元1　烹饪原料 ··· 81
　　学习单元2　烹饪原料的营养价值 ···································· 87
　培训课程2　菜品风味调配技术 ·· 98
　　学习单元1　调味技术 ··· 98
　　学习单元2　调香技术 ·· 103
　　学习单元3　调色技术 ·· 106
　　学习单元4　调质技术 ·· 108
　培训课程3　菜品制作 ··· 111
　　学习单元1　中餐菜品制作 ··· 111
　　学习单元2　西餐菜品制作 ··· 118
　　学习单元3　中餐宴席制作 ··· 121
　培训课程4　中国八大菜系及饮食文化 ······························· 125
　　学习单元1　中国八大菜系 ··· 125
　　学习单元2　中国饮食文化 ··· 130
　培训课程5　酒水基本知识 ·· 135
　　学习单元　酒水的种类 ··· 135

职业模块6　相关法律法规知识 ·· 139

　培训课程　食品安全及餐饮服务业相关法律制度 ················ 141
　　学习单元1　食品安全法律制度 ······································· 141
　　学习单元2　餐饮服务业中的食品安全 ···························· 147

职业模块 ① 职业认知与职业守则

培训课程

职业认知与职业守则

学习单元1　职业认知

餐饮是人类生存与发展的基础,随着社会生产的发展及人们价值观的改变,人们对餐饮及其服务的要求越来越高。

一、餐饮业

餐饮即食品和饮品,是人类赖以生存和发展的基本条件之一。餐饮业是经营餐饮、提供餐饮的行业,是从事该行业的组织(如餐厅、酒店、食品加工厂等)或个人利用餐饮设施设备,通过即时加工制作、商业销售和服务,为客人提供餐饮实物产品和餐饮服务的生产经营性行业。

餐饮业是一个古老而又充满活力且具有现代气息的行业。说它古老,是因为人类饮食的发展同人类本身的发展一样历史悠久,在50万年以前,当人类懂得用火烧熟食品时,已经蕴含了餐饮活动的萌芽。说它充满活力,是因为伴随着历史的推进,菜品日益增多,服务日臻精良,规模不断扩大,内涵越发丰富,积淀渐趋丰厚。说它现代,是因为它越来越体现着健康、科学、积极有益的就餐及生活方式。

二、餐厅服务员

餐厅服务员是指在餐厅、酒吧等餐饮场所面对面为顾客提供服务的工作人员,包括餐厅的经理、领班、值台员、引位员、调酒师、传菜员、收银员等。他们负责接待顾客,并为他们提供良好的服务。餐厅服务是指餐厅接待中的一些规程和方法，它涉及范围很广，如大型宴会、筵席组合、宴会接待、摆台方法、服务礼节、餐厅布局、操作技巧、制作工艺、旅游知识、社会常识等，都是餐厅服务员所应掌握的知识。

餐饮服务具有无形性、不可储存性和一次性的特点。餐厅服务员负责接待顾客，为顾客提供优质的服务，确保顾客在餐厅的用餐体验愉快而难忘。餐厅服务员的态度、言行举止直接影响顾客对餐厅的整体印象，因此，餐厅服务员不仅是提供餐饮服务的工作人员，更是餐厅与顾客之间的桥梁，是提高顾客满意度的关键因素。

餐厅服务员的工作看似简单却相当重要。顾客对餐饮服务质量的要求越来越高，而餐饮服务质量的提高有赖于高素质的员工。因此，餐厅服务员应树立正确的观念与意识，改善服务态度，不断更新本职工作所需的知识，提高管理与服务能力，从而提高餐饮服务质量。餐厅服务员不仅要具备过硬的思想道德素养、全面的职业素养、基本的沟通和人际交往能力，还要具备丰富的行业知识、社会知识、服务技能和应对各种情况的能力。

1. 思想道德素养

（1）深厚的爱国情怀。餐厅服务员须具有坚定的政治立场、端正的工作态度，树立正确的服务观念。在工作中，要严格遵守外事纪律，讲原则、讲团结、识大体、顾大局，不做有损国格、人格的事。

（2）高尚的职业道德。餐厅服务员必须充分认识餐饮服务工作的价值，热爱本职工作，在工作中不断努力学习、奋发向上、开拓创新；自觉遵守社会公德，倡导爱岗敬业、诚实守信、办事公道、服务群众、奉献社会的职业道德，养成良好的行为习惯，培养优良的品德，全心全意为每位就餐的宾客服务。

餐厅服务员的职业道德有其特殊性，归纳起来主要有以下几方面的内容：满腔热忱、乐于助人的服务精神；文明礼貌、不卑不亢的职业风尚；诚信无欺、真实公道的经营作风；廉洁奉公、谦恭自律的优良品质；团结友爱、顾全大局的高尚风格。

（3）良好的组织纪律。严格的组织纪律是做好餐饮服务工作的重要保证，餐厅服务员应具有严格的组织观念和法治观念，自觉遵守规章制度和员工守则，服从工作安排和调动，热情为顾客服务，完成本职工作。

2. 知识素养

餐厅服务员应具有较广的知识面，具体包括三方面内容。

（1）基础知识。主要包括员工守则、岗位职责、服务意识、礼貌礼节、职业道德、外事纪律、餐厅安全与卫生、服务心理学、外语知识、相关法律法规等。

（2）专业知识。主要包括礼仪知识、烹饪知识、商品知识、营养卫生知识、心理学知识、餐厅设备的使用与维修知识、菜品知识、酒水知识、茶水知识、计算机知识、信息处理知识等。

（3）相关知识。主要包括宗教知识、美学、艺术及各国的历史地理、习俗和礼仪，本地及周边地区的旅游景点及交通等。

3. 技能素养

（1）语言能力。语言是人与人沟通、交流的工具。餐厅的优质服务需要运用语言来表达。因此，餐厅服务员应具有较好的语言能力。语言要文明、礼貌、简明、清晰；提倡讲普通话；对顾客提出的问题无法解答时，应予以耐心解释，不推诿和应付。此外，餐厅服务员还应掌握一定的外语。

（2）应变能力。由于餐厅服务工作大都由服务员通过手工劳动完成，而且顾客的需求多变，所以，在服务过程中难免会出现一些突发事件，如顾客投诉、服务员操作不当、顾客醉酒闹事、停电等。这就要求餐厅服务员必须具有灵活的应变能力，遇事冷静，妥善处理，充分体现"顾客至上"的服务宗旨，尽量满足顾客的需求。

（3）推销能力。餐饮产品的生产、销售与顾客的消费几乎是同步进行的，且具有无形性的特点，所以要求餐厅服务员能够根据顾客的喜好及消费能力灵活推销，从而提高餐厅的经济效益。

（4）技术能力。餐饮服务既是一门技术，也是一门艺术。技术能力是指餐厅服务员在提供服务时表现出的技巧和能力，它不仅能提高工作效率，保证餐厅服务的规格标准，还能使顾客感到赏心悦目。因此，要想做好餐厅服务工作，就必须掌握娴熟的服务技能，并灵活、自如地加以运用。

（5）观察能力。餐厅服务质量的好坏取决于顾客在享受服务后的生理、心理感受，即顾客需求的满足程度。这就要求餐厅服务员在为顾客提供服务时应具备敏锐的观察能力，随时关注顾客的需求并给予及时的回应。

（6）记忆能力。餐厅服务员通过观察了解到顾客的需求信息，除了应及时给予满足之外，还应加以记忆，当顾客下次光临时，即可提供有针对性的个性化服务，这无疑会提高顾客的满意程度。

（7）自律能力。自律能力是指餐厅服务员在工作过程中的自我控制能力。餐厅服务员应遵守餐厅的员工守则等管理制度，明确知道在何时、何地能做什么，不能做什么。

（8）服从与协作能力。餐厅服务员对直接领导的指令应无条件服从并切实执行，对顾客提出的要求应给予满足，但要服从有度，即满足顾客符合传统道德观念和社会主义精神文明的合理需求。

（9）人际交往能力。餐厅服务是一项特殊的人际交往活动，餐厅服务员应主动加强与顾客的交流，加深对顾客的了解，采取顾客乐于接受的方式进行服务。餐厅服务员在与顾客的交往中，必须坚持"顾客至上"的原则。通过与顾客的交往，营造出亲切、轻松的就餐环境，加强与顾客的情感交流，提高顾客对餐厅的忠诚度。

4. 职业素养

餐厅服务员的工作需要高度的责任心，能够应对各种突发状况和顾客的不同需求。餐厅服务员的职业素养主要包括良好的服务意识、真诚的服务态度、优雅的服务气质、得体的服务语言、有效的沟通技巧、严谨的工作作风、包容的工作精神、良好的团队合作精神等。在服务过程中，餐厅服务员还应做到主动、热情、耐心、周到。

（1）主动。餐厅服务员应牢固树立"顾客至上、服务第一"的专业意识，在服务过程中应时时处处为顾客着想，表现出主动、积极的情绪，凡是顾客需要的，不论分内、分外，发现后应主动、及时地予以解决，做到眼勤、口勤、手勤、脚勤、心勤，把服务做在顾客开口之前。

（2）热情。餐厅服务员应热爱本职工作，像对待亲友一样为顾客服务，做到面带微笑、端庄稳重、语言亲切、精神饱满、诚恳待人，具有助人为乐的精神，处处热情待客。

（3）耐心。餐厅服务员在为顾客服务时，应有耐心、不急躁、态度和善。餐厅服务员应耐心解答顾客提出的所有问题，百问不厌，并能虚心听取顾客的意见和建议，对事情不推诿。与顾客发生矛盾时，应尊重顾客，并有较强的自律能力，做到心平气和、耐心说服。

（4）周到。餐厅服务员应将服务做得细致入微、面面俱到、周密妥帖。在服务前，餐厅服务员应做好充分的准备工作；在服务时，应仔细观察，及时发现并满足顾客的需求；在服务结束时，应认真征求顾客的意见或建议，并及时反馈。

5. 身体素养

（1）身体健康。餐厅服务员必须身体健康，定期体检，取得卫生防疫部门核发的健康证，如患有不适宜从事餐厅服务工作的疾病，应调离岗位。

（2）体格健壮。餐厅服务工作的劳动强度较大，餐厅服务员的站立、行走及服务等需要具备一定的腿力、臂力和腰力，因此，餐厅服务员必须要有健壮的体格才能胜任工作。

三、餐厅服务员的职业发展

旅游业、餐饮业的职业发展空间广阔，晋升机会大，薪资水平高。通过不断学习和提升自己的专业技能与服务水平，餐厅服务员可以逐步晋升为领班、主管、经理、总经理等管理岗位。此外，随着餐饮业的不断发展和创新，餐厅服务员可以通过参加各种培训和活动，拓展自己的视野和技能，为自己的职业生涯增添更多的可能性和机遇。

餐厅服务员是一个充满挑战和机遇的职业。通过明确自己的职责和角色定位，掌握基本的服务技能和应对各种情况的能力，不断提升自己的专业素养，餐厅服务员可以在职业领域中取得优异的成绩，并为职业生涯奠定坚实的基础。

学习单元 2　职业守则

职业守则是指从业人员在职业活动中应该遵循的行为准则。它是职业道德的具体表现形式，是人们在从事职业活动的过程中，为了适应职业活动要求而制定的具体行为规范。职业守则是整个社会对从业人员的职业观念、职业态度、职业技能、职业纪律和职业作用等综合方面的行为标准的要求。行业不同，其职业守则也不一样。餐厅服务员的职业守则包括以下具体内容：

一、热爱专业、忠于职守

热爱专业是指从业人员敬重自己所从事的职业，喜爱自己的工作岗位，并有以从事此职业为荣的职业自豪感和荣誉感。忠于职守是指从业人员在职业活动中忠诚地对待自己的职业守则，认真负责地做好本职工作。尊职敬业是从业人员应该具备的一种崇高精神，是做到求真务实、优质服务、勤奋奉献的前提和基础。

1. 热爱专业、忠于职守的重要性

（1）热爱专业、忠于职守是发挥从业人员潜在能力、提高服务质量的道德基础。餐厅服务员提供给顾客的主要产品是"服务"，而且是面对面的服务。餐厅服务员的服务态度在提高顾客满意度方面所起到的作用，往往超过了顾客所享受到的物质本身。每一位餐厅服务员都有自己的潜在素质和能力，但是，这种潜在素质和能力的发挥，必须建立在有敬业精神、热爱本职工作、忠于职守的基础上。

（2）热爱专业、忠于职守是餐厅取得良好社会效益和经济效益的保证。目前，各行各业都面临着激烈的市场竞争。竞争会涉及许多因素，但始终离不开每位员工爱岗敬业、服务群众的精神。现代企业是一个严密的整体，各单位是一个有机组织，只有人人热爱本职工作、恪守职业道德，兢兢业业，发挥整体功能，才能产生经济效益和社会效益。如果餐厅服务员都能热爱自己的本职工作、心系群众、努力工作，真心为顾客着想，真诚为顾客提供优质服务，让顾客满意，就能为取得"两个效益"打下坚实的基础。

（3）热爱专业、忠于职守能促进良好社会风气的形成。社会的进步、经济的发展需要每个人为之努力，经济生产要有效益，精神产品要有质量，社会管理要有成效，就必须形成热爱专业、忠于职守的社会风尚。在这种风尚下，每个从业人员都在自己的岗位上勤勤恳恳、尽职尽责、奉献力量，我国人民生活水平的提高、综合国力的增强就有了物质基础。同时，人人敬业，个个爱岗，表现出一种强烈的责任感，形成一种奋发向上的氛围，有利于促进社会文明的进步。

2. 热爱专业、忠于职守的基本要求

（1）端正思想、提高认识。服务业是我国经济社会发展的重要组成部分。餐厅服务员应该充分认识工作的艰巨性，要以正确的态度对待本职工作，热爱自己所从事的服务工作，在平凡的岗位上用自己真诚、热忱的劳动，赢得顾客的赞扬，为促进我国服务业发展作出贡献。

（2）快乐工作、技能成才。快乐工作、技能成才就是要乐业、强业。乐业是指发自内心热爱自己所从事的职业和岗位，把干好工作当作最快乐的事。强业是指对本职工作业务熟练，精益求精，不断地有所进步、有所创新。乐业是爱岗敬业、服务群众的前提，是一种职业情感；强业是爱岗敬业、服务群众的条件，是一种执着的完美追求。

（3）尽职尽责、忠于职守。为了给顾客提供细致、周到的服务，现代餐饮企业有着明确的部门和岗位分工。每个岗位都有具体、严格的岗位职责和工作任务。尽职尽责、忠于职守是完成这些工作任务的保证。

1）要以高度的责任心和良好的心态投入每天的工作中。以全心全意为顾客服务作为根本宗旨，处处为顾客着想，尽力使顾客满意，为优质服务打下良好的基础。

2）要认真履行岗位职责。做到按时到岗，做好岗前的各项准备工作；坚守岗位，按服务规范和程序为顾客提供服务。如要成为技艺精湛的服务大师，必须从始终保持整洁的服装、周到适当的服务态度等岗位职责细节进行严格的要求。

3）要认真履行"员工守则"中的各项要求和规定，严守职业纪律，服从领导的安排和调度，按时完成工作任务等。遇到各种意外或紧急情况时，一定要沉着、冷静、果断、坚守岗位，必须把顾客的安全、利益和企业的声誉放在首位。

二、遵纪守法、文明经营

遵纪是指应遵守企业规定的各项行为规范；守法是指遵守国家的法律法规，也包括执行国家的政策。文明经营是指在开展经营活动中倡导文明服务、微笑服务、热情服务，做到举止文明、语言文明，用文明服务提升自身形象，用文明经营赢得社会尊重和市场认可。

1. 遵纪守法、文明经营的重要性

遵纪守法是每个公民应尽的义务，是建设中国特色社会主义和谐社会的基石。文明经营既是道德规范的基本要求，也是企业不断提升竞争力、优化市场环境的重要举措。

（1）遵纪守法、文明经营是餐厅服务业开展正常职业活动，搞好企业经营管理的重要保证。遵纪守法是餐厅服务业重要的职业道德规范。如果从业人员不遵守纪律，企业将是一盘散沙，基本的职业活动将无法开展，经营管理也难以进行。即使是少数人不遵守纪律，也会给整体工作带来很大困难。如果有人出现违法行为，将给工作带来更大的危害。

（2）遵纪守法、文明经营是贯彻执行国家政策法规、纠正行业不正之风的重要保证。餐厅服务的对象除内地同胞外，还有华侨、港澳台同胞以及外国人等。因此，该职业活动既是经营活动，又是外事活动。餐厅服务业从业人员要树立政治观念、法纪观念，认真执行国家的有关政策法规，为我国的对外开放政策和外交政策服务。

2. 遵纪守法、文明经营的基本要求

（1）自觉遵守职业纪律。良好的纪律是完成任务的可靠保证。餐厅服务员必须遵守行业和企业的各项规章制度及操作规程。

（2）严格执行政策法规。遵守国家法律，严格执行政策法规是餐厅服务员正确处理个人与集体、个人与社会、个人与国家的行为准则。餐厅服务员必须遵守国家法律法规，执行服务质量标准，严格按照操作规程办事。

（3）全面落实文明经营。餐厅服务员要做到文明从业、文明服务、微笑服务、热情服务，要做到语言文明、行为文明，自觉抵制一切不文明行为。

三、礼貌待客、热情服务

礼貌是指人们在日常交往中相互表示敬重和友好的行为，最基本的要求是诚恳、谦恭、和善及有分寸。热情是指在职业活动中所表现出来的积极、热烈、主动、友好的个人情感或态度，对每位顾客都怀有感激之情，并由衷地欢迎他们的到来。

礼貌待客是指在工作中对顾客表示尊重和友好，同时要注重礼仪、礼节，讲究仪表、举止、语言，执行操作规范。热情服务是主动、热情、周到服务的外在表现，是顾客在精神上感受到的服务。礼貌待客、热情服务是所有服务行业共同的行为规范，是正确处理餐厅服务员与顾客之间相互关系的必不可少的行为准则。

1. 礼貌待客、热情服务的主要内容：

（1）主动服务——服务要在顾客开口之前（主动观察、询问）。

（2）热情服务——发自内心地服务，肯定自己的工作，富有热情。

（3）周到服务——从细节入手，体贴顾客，为顾客排忧解难。

（4）个性服务——除规范服务外，提供个性化服务，灵活处理问题。

（5）耐心服务——不厌其烦。

（6）真诚服务——不卑不亢、坦诚待客，不能漠不关心、无精打采。

（7）轻声服务——服务时要注意音量，为顾客保留一片宁静的天地，要求"三轻"，即说话轻、走路轻、操作轻。

2. 礼貌待客、热情服务的重要性

（1）礼貌待客、热情服务是服务质量的重要体现。礼貌待客、热情服务，就是要竭尽全力为顾客提供最美好的消费感受。顾客的满意程度是衡量服务质量的基本标准，也是赢得客源的重要因素。

（2）礼貌待客、热情服务关系到餐厅的发展，有利于建立良好的餐厅形象。从某种意义上讲，维护顾客利益就是维护餐厅利益。要树立餐厅高品质的形象，最主要的是为顾客提供一流的服务。

3. 礼貌待客、热情服务的基本要求

（1）微笑服务。笑是人的主观情绪的反应，而微笑最能体现乐观向上、愉快热情的情绪。服务工作中的微笑，是发自内心的热爱，是情感的真实流露，体现出人的本质美、自然美。微笑服务是餐厅服务员真诚服务的象征。微笑能够给顾客亲切感；微笑也是餐厅服务员对自己职业价值的肯定。

（2）尽心尽责。随着就餐观念的变化，人们越来越重视餐厅的服务水平，甚至把服务水平的高低作为选择餐厅的重要依据。因此，餐厅服务员要对自己的本职工作尽心尽力，严格履行自己的工作职责，维护餐厅的对外形象和声誉，使宾客满意，使工作富有成效。

四、真诚守信、一丝不苟

真诚守信、一丝不苟是做人的基本原则，也是一种社会公德。真诚是指对待顾客真心实意、实事求是、信誉第一，不虚假、不欺诈；守信是指遵守承诺、讲究信用，注重质量和信誉。真诚守信是做人的根本，也是立业的根本。一丝不苟是指细节上的坚守和态度上的严谨。

1. 真诚守信、一丝不苟的重要性

（1）真诚守信、一丝不苟有助于建立企业良好形象。真诚守信、一丝不苟对于餐厅服务员来说是一种职业态度，它的基本作用是建立个人信誉，树立起值得他人信赖的道德形象，进而为建立企业良好形象打下坚实基础。

（2）真诚守信、一丝不苟有助于提升企业经济效益。真诚守信、一丝不苟是建立良好的餐厅形象和声誉，从而取得餐厅经营效益快速增长的有效途径。许多餐厅服务业为了在激烈的市场竞争中求得发展，都明确将诚信经营作为其制胜的"法宝"。所提供的服务质量越高，就会赢得越多的顾客，也会在竞争中占据优势。

2. 真诚守信、一丝不苟的基本要求

（1）真诚待人、尊重他人。餐厅服务员在服务过程中要通过服务传递对顾客的尊重和关心，让顾客和餐厅在情感上融为一体。顾客来自五湖四海，他们有不同的文化背景，不同的风俗习惯，不同的宗教信仰，也有不同的爱好和禁忌。餐厅服务员在服务过程中，都应予以尊重。

（2）诚信无欺、讲究质量。诚信无欺就是诚实、讲信用、不欺诈。诚信要求在市场交易中要货真价实，向被服务者提供符合规格的服务，收取合理的费用，反对和杜绝各种欺诈行为。讲究质量，对餐厅服务员来说就是讲究服务质量，要求每位餐厅服务员都要树立"质量第一"的观念，要有高度的责任心，认真履行岗位职责，用良好的服务态度、高超的服务技术去满足顾客的要求。

五、钻研业务、精益求精

钻研业务、精益求精不只是业务要求，也是餐厅服务业重要的职业道德规范。餐厅服务员的基本工作职责是为顾客提供优质的服务，其业务水平是直接服务于该目的的。自觉刻苦钻研业务，不断提高专业技能也是一种道德义务。精益求精是对品质的追求，要求质量完美，技术过硬。具备工匠精神的人，对工艺品质有着不懈追求，会以严谨的态度对待工作，不是要做好，而是要做到更好。

1. 钻研业务、精益求精的重要性

（1）钻研业务、精益求精是提供优质服务、提高工作效率，为企业创造良好声誉的重要前提。为顾客提供优质服务，让顾客满意，是发展餐厅服务业的关键。服务技能是服务质量的重要组成部分，餐厅服务员不仅要有为顾客服务的良好愿望和态度，还要努力钻研和提高业务，提高服务质量。

高效率服务是优质服务的特点之一。餐厅服务要尽量减少"等候"，讲究服务效率。服务效率是提供服务的时限，是决定服务质量的重要因素。只有认真钻研业务，在技能技巧上精益求精，才能将优质高效的服务变为现实。

（2）钻研业务、精益求精是促进餐厅服务员成长的重要条件。餐厅服务业迅速发展，需要大批有理想、有道德、有文化、有纪律、专业知识丰富、操作技能熟练、外语口语能力强，且具有一定管理知识和能力的人才。只有认真履行钻研业务、精益求精这一道德规范，才能培养造就出一大批具有丰富专业知识和高水平专业技能的人才，才能给顾客提供高效优质的服务，使企业在竞争中立于不败之地。

2. 钻研业务、精益求精的基本要求

（1）要有崇高的职业理想。每一位餐厅服务员都要树立崇高的职业理想：初级层次的职业理想是为了解决温饱、维持生计，具有普遍性；中级层次的职业理想是为了发展个性、发挥特长、施展才智，使工作与自己的能力和爱好相匹配，表现出多样性；高级层次的职业理想是为了承担社会义务，奉献社会，具有崇高性。

（2）要虚心好学。要拥有过硬的基本功就要扩大知识面，重视技能训练，认真钻研技术，提高服务技巧和技术水平，虚心学习，干一行，爱一行，钻一行，并将所学知识运用到工作实践中去，不断改进操作技能，提高服务质量。

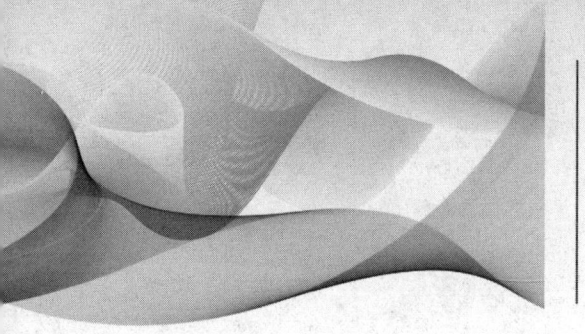

职业模块 2
餐厅服务安全与环保知识

培训课程 1

餐厅服务安全知识

学习单元1 操作安全及财产安全

一、用电安全

在用电过程中，由于电器本身出现故障或使用不当或安全技术措施不到位等原因造成的人身触电和火灾事故，会给顾客及餐厅员工带来不必要的生命和财产损失。水火无情，电亦无情。用电时应坚持贯彻执行"安全用电、性命攸关、安全第一、预防为主"的用电方针。

1. 导致用电事故的主要原因

（1）缺乏安全用电知识。如在高压线附近竖天线、施工、高空晾晒衣物；线路断开后，不先断电就用手拾火线；带电接线，手摸带电体；用手摸破损的胶盖刀闸等。

（2）违反操作规程。如带电连接线路或电器且未采取必要的安全措施；触及破损的设备或导线；带电接照明灯具；带电修理电动工具；带电移动电器；用湿手拧灯泡；使用电熨斗、电吹风、电暖气等电器时，未断电就离人等。

（3）设备不合格。如安全距离不够；接地不合格或地线断开；绝缘层破损，导线裸露在外等。

（4）其他偶然原因。如夜间行走触碰断落在地面的带电导线等。

（5）超负荷用电。若使用大容量用电设备必须使用专用线路。

（6）乱接电器，使用不合格的电源线、电源插座、插头等产品。

2. 触电的救护措施

发生触电事故时，在保证救护者自身安全的同时，应先设法使触电者迅速脱离电源，然后进行以下抢救工作：

（1）解开妨碍触电者呼吸的紧身衣服。

（2）检查触电者的口腔，清理口腔中的黏液，如有假牙，则取下。

（3）立即就地进行抢救。若心脏停止跳动或不规则颤动，可进行人工胸外按压法抢救，每分钟100次左右，不能无故中断，同时采用口对口人工呼吸法进行抢救。

（4）确保现场照明充足，且保持空气流通。

（5）向领导报告，并拨打120急救电话。

3. 安全用电的措施

随着电器的普及，正确掌握安全用电知识，开展安全教育，确保用电安全至关重要。

（1）不要购买和使用"三无"的假冒伪劣产品。

（2）使用的电器应有完整可靠的电源线插头。有金属外壳的电器要采用接地保护。

（3）不能在地线上和零线上装设开关和保险丝。禁止将地线接到自来水、煤气管道上。

（4）不要用湿手接触带电的设备，不要用湿布擦抹带电的设备。

（5）不要私拉乱接电线，不要随便移动带电设备；不允许在用电设备、开关箱上粘贴和悬挂物品。

（6）搞卫生、冲洗地板时不得将水溅到插座、用电器具、电机、接线盒等设备上，避免线路漏电击伤人员或短路损坏用电设备。

（7）在电气设备附近，严禁堆放易燃、易爆物品，防止因电气设备故障产生火花而引起火灾。

（8）使用移动设备的部门，应经常性地对所用设备、插座、电线进行检查，避免裸露的部分漏电击伤人员或引起电气设备误操作。

（9）发现电器冒烟或有异味时，要迅速切断电源进行检查。

（10）防止电气设备过热、过载、接触不良、散热不良。

（11）制定并监督执行用电制度。

二、用火安全

严格贯彻落实"预防为主，防消结合"的方针，本着小火早救的原则，确保防火安全；使用燃气时应"火等气"，点火时脸不能贴近炉灶口，火灭时要完全关闭总阀，并且由专人进行管理和检查。

1. 餐厅用火安全常识

（1）当发生火灾时，如果发现火势并不大，且尚未对人员造成很大威胁时，应果断使用灭火器、消防栓等消防器材进行灭火，千万不要惊慌失措地乱叫乱跑，置小火于不顾而酿成大灾。

（2）突遇火灾，面对浓烟和烈火时，要保持冷静，迅速向有关部门和领导报告，分析出危险地点和安全地点，并第一时间组织顾客有序撤离，千万不要盲目地跟从人流或相互拥挤、乱冲乱跑。若通道已被烟火封阻，则应背向烟火方向离开。

（3）人的生命是最重要的，身处险境应尽快撤离，不要因顾及贵重物品，而把宝贵的逃生时间浪费在寻找、搬离贵重物品上。

（4）逃生时，为防止火场浓烟呛入口鼻，可使用打湿的毛巾、口罩捂住口鼻，并匍匐撤离。因为烟气较空气轻而飘于上部，所以贴近地面撤离是避免烟气吸入的最佳方法。此外，若火情较严重，可以向头部、身上浇冷水或用湿毛巾、湿棉被、湿毯子等将头、身裹好再撤离。

（5）高层公共建筑内一般都设有高空缓降器或救生绳，人员可以通过这些设施离开危险的楼层。在没有这些专用设施，且安全通道已被堵，救援人员不能及时赶到的情况下，可以利用身边的绳索或窗帘、衣服等自制简易救生绳并用水打湿，用于逃生。

（6）被烟火围困暂时无法逃离的人员，应尽量待在阳台、窗口等易被发现和能避免烟火近身的地方。白天可以向窗外晃动鲜艳衣物，或向外抛轻型晃眼的物品；晚上可以用手电筒不停地在窗口晃动或者敲击出响声，及时发出有效的求救信号，引起救援者的注意。

（7）当身上着火时，千万不可惊跑或用手拍打，因为奔跑或拍打时会形成风势，加速氧气的补充，促旺火势。应赶紧设法脱掉衣服或就地打滚，压灭火苗。

2. 餐厅消防设备的使用方法及作用

（1）餐厅的消防设备。主要有：灭火器、消防栓、喷淋装置、应急灯、烟感器、安全出口指示牌、防毒面具。

（2）消防设备的使用方法。

1）灭火器的使用方法。首先把灭火器的保险插销拉出，其次将灭火器喷管对准火源的根部，最后压下开关，即可进行灭火。

2）消防栓的使用方法。打开消防栓门，拿出水带和枪头。将水带一端接到消防栓接头处，另一端接上枪头后向火场方面铺开，打开消防栓总开关阀，将枪头对准火场即可进行灭火。

3）防毒面具的使用方法。取出面具后，一只手抓住面具的口鼻部位，另一只手抓住面具的后部，自头顶上方向后下拉，戴上面具。迅速调整面具眼窗位置，戴好后搭上尼龙搭扣即可。

（3）消防设备的作用。

1）自动喷淋的作用。自动喷淋是一种固定式的消防保护装置，它具有火灾探测、报警、喷水等功能，当喷淋头探测到周围温度达到68 ℃时，即会自动喷水。

2）烟感器的作用。烟感器的主要作用是感知和发出火灾警报。当环境中的烟雾达到一定浓度时，烟感器会向消防监控报警箱发出报警指令，使火灾得到及时有效的扑救。

3）应急灯的作用。当发生火灾导致停电时，应急灯起紧急照明的作用。

4）安全出口指示牌的作用。提示出口方向，发生火灾时，帮助人们快速找到出口。

3. 餐厅火灾防范

（1）餐厅收台时不要将烟头、火柴卷入台布内。

（2）要定期检查钢瓶、管道等是否有油垢或异常情况。

（3）开火烧饭时，要避免油锅里的食用油过多，并且关火前人不要离开现场。若油锅着火，切勿用水灭火，应切断电源，盖上锅盖或是用黄沙、灭火毯等灭火。

（4）晚上关店前要检查煤气、天然气总阀是否关好，防止泄漏；如发生泄漏，不要开灯照明，以防明火；应关闭能关闭的所有电气设备。

（5）易燃物资要专门存放、专人保管，严格管理进出库。

（6）制定完善可行的应急预案，并经常组织全体人员进行演练。

三、防爆安全

1. 餐厅服务防爆

（1）酒水存放时要避免存放在高温或低温的环境，温度过高或过低都会造成酒瓶炸裂，造成人身伤害；开启酒瓶时不要晃动酒瓶，防止瓶内气压过大，造成瓶身炸裂；开启酒瓶时不能将瓶口朝向顾客，避免气压过大致瓶盖弹出伤及顾客。

（2）餐厅服务员要时刻保持警惕，随时观察入店顾客的情况，对顾客携带入店的物品要留意，严防易燃易爆物品进店；对可疑人员要随时保持警惕，必要时寻求保安人员的帮助，如涉及违法犯罪行为，要及时报警处理。

2. 餐厅设备防爆

（1）必须定期对厨房内的燃气、油烟管道、阀门等进行检查，防止泄漏。如发现燃气泄漏应立刻关闭阀门，及时通风，并严禁使用任何明火和启动电源开关。

（2）厨房灶具旁的墙壁、抽油烟机罩等容易脏污的地方应天天清洗，油烟管道至少每半年清洗一次。

（3）厨房内的电器应严格按照国家技术标准设置，电器开关、插座等应以封闭为佳，防止水渗入，并应安装在远离燃油、燃气设备的位置；厨房内运行的各种电器不得超负荷用电，并注意使用过程中防止线路受潮。

（4）厨房内使用的各种灶具和炊具，应使用经国家质量检测部门检测合格的产品。

（5）工作结束后，操作人员应及时关闭所有燃气、燃油阀门，断电源、火源。

四、防烫伤

餐厅中烫伤事故时有发生。在厨房经常会发生员工被高温烫伤，被高温高压的蒸汽烫伤，被高温的设备、用具烫伤等事故，餐厅服务员和顾客也常会被菜肴中高温的油或汤汁、小型桌上的炊具等烫伤。因此，餐厅服务员必须对烫伤事故加以防范。

1. 烫伤防范措施

（1）熟悉烹饪设备、工具、原材料及菜点的基本情况，严格按安全操作规程使用设备、工具。

（2）通道里不得使用炊具，避免繁忙拥挤时被烫伤。

（3）容器中注料要适量，不要装得太满。

（4）搅拌熟烫食物要使用长柄勺或搅拌器，手不要离食物太近。

（5）使用经国家质量检测部门检测合格的炊具，确保使用安全，如保证提锅的手柄折不断等。

（6）谨慎使用打火机及火柴，点燃燃气设备时必须按照商品说明书进行操作。

（7）清洗设备、用具时要先进行冷却。

（8）定期清洗厨房设备，防止炉灶表面、炉头和通风管帽盖堆积油污。

（9）油炸时，先将食物沥干水分，避免水油飞溅；食物应沿锅边或靠近油面轻轻滑下，不可猛力投放，以防高温油、水溅出，烫伤身体。

（10）从蒸箱内取出食物前，要先关汽降压；取出食物时应使用防烫手套。

（11）餐厅服务员应接受培训，学会桌上炊具的正确使用方法以及菜肴、点心出品时规范的端、托手法。

（12）在高温的设备、设施旁需张贴"警示"标识，以告诫使用人员注意安全。

（13）在顾客就餐的桌上加热、烤煮菜肴时要多注意，以防烫伤顾客。

2. 烫伤处理方法

（1）冲：迅速用冷水持续淋浇灼伤部位10～20分钟。流动的冷水可迅速带走局部热量，减少进一步的热损伤。

（2）脱：一边冲着冷水，一边去除烫伤处的衣物。如果用手无法去除，可以用剪刀剪开衣物。

（3）泡：继续用冷水浸泡10～30分钟，进一步散发烫伤处的热量。

（4）盖：用无菌纱布或干净的毛巾覆盖烫伤处，并固定。可保持烫伤处清洁，降低感染的概率。

（5）送：完成以上操作后，立刻送医。

五、防意外

当餐厅发生意外情况时，如果处理得好，所造成的影响一般不会很大，但如果处理得不好，可能会给餐厅带来很大的负面影响。

1. 导致意外事故的原因

（1）餐厅方面的原因。涉及餐厅设施设备的偶然性故障，如停水、停电、线路老化、设备维护等；餐厅服务员服务过程中的失误等。

（2）顾客方面的原因。涉及顾客自身在生理和心理上的不适，如突发性疾病；顾客自身的不理智或不良行为，如酒后闹事、逃单等。

（3）外界因素。涉及自然环境方面，如恶劣天气、地震等自然灾害；基础设施方面，如地区的供电、供水问题；社会性突发情况，如流行性疾病、恐怖事件等。

2. 意外事故的预防工作

（1）做好宣传教育。要利用各种机会，采取多种形式，向餐厅服务员进行宣传教育，提高餐厅服务员维护和遵守规章制度的自觉性。

（2）认真落实安全责任制，做好安全防范工作，切实防止意外事故的发生。

（3）坚持安全检查，堵塞漏洞。要定期或不定期地对餐厅进行安全检查，发现不安全的情况，应及时协同有关部门加以解决。

3. 意外事故的应对措施

（1）"顾客永远是对的"是解决餐厅内各类突发事故的基本原则。为顾客着想，让理于顾客，迅速解决，灵活应对。

（2）制定各类事故的处理流程。要对各类意外事故进行合理分类，明确发生意外事故的原因，制定针对性的应对措施和处理流程，并对全员进行培训。

（3）做好应对多种突发事件的物资准备工作，如备用电源、备用照明、水源、设备等。

（4）建立健全意外事件的解决机制，如部门协调，应急权限的划分。

（5）沉着冷静，妥善解决，尽量减少意外事故对顾客正常消费和餐厅运营的影响，尽量缩小事件的影响范围。

（6）若遇到严重的店客冲突，餐厅不可充当"教育机构"和"公安机关"，应立刻与相关机构联系，由相关机构出面解决问题。

六、财产安全

1. 顾客财产安全

（1）顾客财产安全管理措施。

1）餐厅对顾客有告知义务，提醒顾客看管好个人财物。

2）为顾客提供存放财物的设备。

（2）顾客财物丢失的处理流程。

1）向顾客表示歉意。听取顾客对财物的描述及丢失过程，与顾客保持良好的沟通，记录事件的整个过程。

2）向餐厅有关领导报告，听从领导指示。

3）帮助顾客在丢失地点附近寻找丢失的财物，并拨打110请求帮助。

2. 餐厅财产安全

（1）做好财产管理，必须严格控制采购计划的审批，以及具体的采购、验收、入库、领发、保管、维修、保养、赔偿、报损等手续。

（2）建立健全岗位责任制，使用部门实行定额管理，各项财产按"名称"统一分类编号设置账页、账卡。分级管理，定期复查、核对，要求账、卡、物相符。

（3）强化财产管理常识培训，树立员工的主人翁意识，提高员工的安全防范能力。

（4）加强餐厅监控设备管理及技防措施的资金投入。

学习单元2　食品安全

一、人员要求

1. 个人卫生要求

（1）手部卫生要求。餐厅服务员要确保手部卫生，勤洗手和剪指甲，不留长指甲，不佩戴假指甲，不涂指甲油，不佩戴外露饰物（如戒指、手链、手表等）。洗手时应认真仔细，标准的洗手步骤和推荐的洗手方法如下：

1）标准的洗手步骤。

①用水（最好是温水）把双手弄湿。

②涂上洗手液。

③双手互搓20秒（必要时，可用指甲刷清洁指甲）。

④用水冲洗双手。工作服为短袖的应洗到肘部。

⑤用清洁纸巾或干手机擦（烘）干双手。

2）推荐的洗手方法。

①掌心相对，手指并拢相互搓擦。

②掌心相对，双手沿指缝相互搓擦。

③一只手握另一只手大拇指旋转搓擦，交换进行。

④弯曲手指关节，双手相扣进行搓擦。

⑤手心对手背沿指缝相互搓擦，交换进行。

⑥一手指尖在另一手掌心旋转搓擦，交换进行。

⑦一只手握另一只手的腕部旋转搓擦，交换进行。

（2）卫生操作要求。餐厅服务员工作时应保持手部的清洁卫生，避免用手直接接触实物，应佩戴一次性塑料或橡胶手套，不可重复使用，且戴手套前应洗手；不得用手触摸头发，不挖鼻和掏耳朵等；去卫生间后应及时清洁双手；打喷嚏和咳嗽时，需用纸巾遮掩口鼻部位，并在结束后及时清洁双手。

2. 着装要求

餐厅服务员应穿戴清洁的工作服、工作帽，戴口罩。戴工作帽时头发不得外露，戴口罩时需将口鼻完全遮盖。

（1）餐厅服务员应至少有两套工作服，要勤更换，保持清洁。

（2）负责专间及分餐的餐厅服务员，其工作服应每天清洗、消毒。待清洗的工作服不要放置在食品加工区域。

（3）个人衣物及私人物品不得带入食品加工区域，应存放在更衣室。

二、食品卫生和选择要求

1. 储存要求

（1）储存食品的场所、设备应当保持清洁，无霉斑、鼠迹、苍蝇、蟑螂，不得存放有毒、有害物品（如杀鼠剂、杀虫剂、消毒剂等）及个人生活用品。

（2）定期检查库存食品，遵循先进先出、易腐先出的原则，新鲜的原料辅料应尽快使用，变质和过期食品要及时清除。

（3）食品冷藏、冷冻贮藏应做到原料、半成品、成品严格分开；植物性食品、动物性食品和水产品应分类摆放；应定期对冷藏、冷冻设备进行除霜、清洁和维修，以确保冷藏、冷冻温度达到要求并保持卫生。

2. 粗加工及切配卫生要求

（1）加工前应认真检查待加工食品，发现有腐败变质迹象或者其他异常的，不得加工和使用。

（2）各种食品原料在使用前应洗净，动物性食品、植物性食品应分池清洗，禽蛋在使用前应对外壳进行清洗，必要时做消毒处理。

（3）易腐食品应尽量缩短在常温下存放的时间，加工后应及时使用或冷藏。

（4）切配好的半成品应避免污染，与原料分开存放，并根据性质分类存放，且应在规定时间内使用。

3. 烹调加工卫生要求

（1）烹调前应认真检查待加工食品，发现有腐败变质或其他异常的，不得进行烹调。

（2）需要熟制加工的食品应当烧熟煮透。

（3）加工后的成品应与半成品、原料分开存放。

（4）需要冷藏的熟制品，应尽快冷却后再冷藏。

4. 食品的选择要求

（1）注意看食品包装标识是否齐全。食品外包装是否标明商品名称、配料表、净含量、厂名、厂址、电话、生产日期、保质期、产品标准号等内容。

（2）注意看食品的生产日期及保质期限，确定食品未超过保质期。

（3）看产品标签，注意区分认证标志。

（4）看食品的色泽。不要被外观过于鲜艳、好看的食品迷惑。

（5）看散装食品经营者的卫生状况。注意有无健康证、卫生合格证等相关证照，有无防蝇防尘设施。

（6）看食品价格。要对同类同种的食品进行市场比价，理性购买"打折""低价""促销"食品。

（7）购买肉制品和腌腊制品应到正规的市场、"放心店"购买，慎购游商（无固定营业场所、推车销售）销售的食品。

（8）妥善保管购物凭据及相关依据，以便发生消费争议时能够提供维权依据。

（9）不购买和食用"三无"产品。

三、厨具及餐具的卫生要求

1. 厨具的卫生要求

（1）装生、熟食品的容器，切肉类、菜类的菜板，以及切生、熟食的刀和菜板不得混用。

（2）锅铲、炒勺、漏勺、调料罐、油桶等用后应及时清洗干净，并妥善保管。

（3）笼屉、笼底、装菜盆、装汤桶、装饭桶、打饭勺及锅铲，用后应及时清洗干净，并有序放置。

2. 餐具的卫生要求

（1）餐具使用前应洗净并消毒。

（2）消毒后的餐具要整洁、干爽、无油垢、无污物。

（3）不得将已消毒的餐具直接放在地面或者接触其他物件，搬运、分发时要戴上一次性手套。

（4）病员餐具要专用、另洗、另存放、另消毒。

（5）应定期检查消毒设备、设施状态。

培训课程 2 环保知识

学习单元 绿色酒店环保知识

一、绿色酒店

1. 绿色酒店的概念

绿色酒店是指运用环保健康安全理念,坚持绿色管理,倡导绿色消费,保护生态和合理使用资源的酒店。核心是为顾客提供符合环保、健康要求的客房和餐饮。

2. 绿色酒店的标准

(1)安全。包括消防安全、治安安全和食品安全。

(2)健康。提供给消费者有益于健康的服务和享受。

(3)环保。减少和避免浪费,实现资源利用最大化。

从可持续发展理论的角度考虑,绿色酒店就是指酒店的发展必须建立在生态环境的承受能力之上,符合当地的经济发展状况和道德规范,即通过节能、节电、节水,合理利用自然资源,减少资源的消耗;减少废料和污染物的生成与排放,促进酒店产品的生产、消费过程与环境相容,降低整个酒店对环境产生的危害。

3. 绿色酒店的特点

(1)环保。环保是指酒店在经营过程中减少对环境的污染,实现服务与消费的环境友好。

(2)健康。健康是指酒店为消费者提供有益于大众身心健康的服务和产品,给消费者宾至如归的感受。

（3）安全。安全是指酒店要确保公共安全和食品安全，让消费者吃得放心、住得开心、玩得舒心。

（4）节约。节约主要是指在酒店经营过程中注重循环经济，节能降耗，减少对水、电、燃料等的浪费。

二、创建绿色酒店的意义

1. 有利于节约能源

酒店消耗的能源主要包括水、电、燃料等，其能源成本约占总成本的13.4%。如果采取切实有效的节能措施，可以降低能源费用的20%～30%，能源成本可以降低到酒店总成本的8%左右。

2. 有利于环境保护

酒店是一个高消费的地方，在消费过程中会产生大量的垃圾，排放大量的污染物。社会进步要求社会、环境、经济协调发展，合理利用自然资源是可持续发展的基础。酒店对资源和环境的保护有不可推卸的责任，创建绿色酒店是社会进步的需要。在建设绿色酒店的过程中，采用科学的方法对酒店进行绿色管理，将能耗、污染、浪费降到最低，从而达到保护资源和环境的目的。

3. 有利于提高效益

绿色酒店的创立不仅可以提高酒店的收入，还可以降低消耗，从而达到提高效益的目的。绿色酒店本身就能够吸引消费者前来光顾，并形成良性的互动机制。同时，强化节约意识，推行节能新技术，包括实行绿色照明、创建绿色客房、使用环保型设备和用品、减少一次性用品、实行垃圾分类和有机垃圾无害处理等，能够大大降低酒店的能源消耗情况，从而大幅提高酒店的经营效益。

4. 有利于赢得市场

国际市场上，绿色消费逐渐成为主流，我国消费者的环保意识也逐渐增强。在此背景下，酒店若能及时推出绿色产品和服务引导消费，将给酒店带来新的市场机会。在环境保护意识强的国家，酒店是否达到绿色标准，已经成为决定人们选择的重要因素。绿色酒店能吸引更多的绿色消费者，扩大市场的占有率。

三、创建绿色酒店的原则

绿色酒店以环境友好为理念，将环境友好行为、环境管理融入酒店经营管理中，贯彻环保、节约、健康和安全的宗旨，坚持绿色管理和节约资源。支持绿色酒店持续改进和发展的原则如下。

1. 再思考——转变观念

环境问题的产生并不是人们故意破坏的结果，而是人们在追求经济发展、提高生产力、提高生活水平过程中的一个负产品。所以，酒店要重新思考现行的生产方式、经营方式和服务方式，把环境因素作为考察现有行为合理性的一项重要内容，提出进一步的改进措施。

2. 再循环——节约资源

由于地球上绝大多数资源都是有限的，所以要提高对它们的利用效率，一个较好的方法是对可循环使用的资源进行再利用。再利用分为微观再利用和宏观再利用。微观再利用是企业内部的行为，而宏观再利用是全社会范围内的行为，需要政府干预或通过其他方式实现。酒店内部首先要努力实现微观再利用，如废水、冷凝水的回用等；其次要为宏观再利用创造条件，如把废弃的纸张从其他废弃物中分离出来，集中由废品处理站送到造纸厂进行再生。

3. 再减少——降低成本

再减少的根本目的是减少浪费、减少废弃物的产生，从而降低经营成本，提高资源效益。如酒店提供的生活用品、卫生用品等包装精美，但打开使用后就成了废弃物。酒店可以简化用品的包装，既能节约资金，又能达到保护环境的目的。

4. 再修复——改善环境

酒店存在大量对环境不利的因素，因此需要对这些因素进行改进，减少对环境的破坏。同时酒店要在可能的情况下投入资金，对已经造成的环境破坏进行治理，以使环境得到恢复和补偿。如通过种植花草树木的方式净化空气等。

职业模块 ③ 餐厅服务礼仪

培训课程 1

个人服务礼仪

学习单元 个人服务礼仪

一、礼貌、礼节与礼仪

1. 礼貌

礼貌是人们在社会交往过程中表示相互尊重和友好的行为规范,体现了时代的风尚与道德水准及人们的文化层次和文明程度。礼貌对人们交往时的基本要求是:诚恳、谦恭、和善、有分寸,做到待人"诚于中而形于外"。礼貌是一个人在待人接物时的外在表现,主要通过礼貌语言和礼貌行为来表现对他人的尊重。在服务工作中,礼貌具体表现在服务人员的言行举止上,表现在服务的规范程序上,表现在对顾客的态度上,如一个微笑,一个鞠躬,一声"您好",一句"祝您旅途愉快"。良好的教养和道德品质是礼貌的基础,服务人员应自觉培养和训练良好的礼貌习惯。

2. 礼节

礼节是人们在日常生活中,特别是在交际场合表示相互尊敬的惯用形式,是社会文明的组成部分。从形式上看,它具有严格的仪式;从内容上看,它反映着某种道德原则,反映着对他人的尊重和友善。如在宴会上,餐厅服务员送茶、斟酒、上菜、送毛巾等按照先宾后主、先女宾后男宾的顺序进行,这就是礼节。

3. 礼仪

礼仪作为一种调整人际关系的道德行为要求,是人类社会为维系社会正常生活而共同遵循的最简单、最基本的道德行为规范。对个人而言,礼仪是一个人思想水平、文化修养、交际能力的外在表现;对社会而言,礼仪是精神文明建设的重要组成部分,是社会文明程度、道德风尚和生活习俗的反映。现代社会的礼仪主要是在人际交往、社会交往和国际交往中,表示尊重和友好的一系列行为、道德、社会规范和惯用形式。狭义的礼仪通常是指举行的合乎社交规范和道德规范的仪式,即人们在社会交往中由于受历史传统、风俗习惯、宗教信仰、时代潮流等因素的影响而形成的,既为人们所认同,又为人们所遵守,以建立和谐关系为目的,符合礼仪要求的,在较大或较隆重的场合表示重视、尊重、敬意等的行为准则或规范的总和。例如,接待外宾时鸣放礼炮;贵宾到达酒店时,服务人员在酒店门前列队欢迎等。

二、仪容仪表与仪态

仪表是指人的外表,包括容貌、姿态、个人卫生和服饰等方面。仪容仪表是指一个人精神面貌的外观体现。良好的仪容仪表是餐厅服务员应具备的一项基本素质。

1. 仪容仪表要求

(1)制服的穿着要求。制服需整洁、挺括和大方,确保上衣平整、裤线笔挺。做到衣裤无油渍、污垢、异味、变形;双肩无头皮屑;领带平直、领结利落漂亮;裤脚、衣袖不可卷起;衣领要平整,不可竖起;衬衣勿一半掖在里面一半露在外面,要依照制服设计系好纽扣。爱护制服,使其无破损、扣子脱落、裂缝、掉边等现象。工作期间,应将洁净的工牌随时佩戴在左胸前。

(2)西装的穿着要求。

1)衬衫配套。衬衫需熨烫平整,搭配两件套或三件套西装。

2)领带配套。在正式场合,穿西装必须佩戴领带(或领结)。

3)面料、颜色配套。在正式场合,应穿同一面料、同一颜色的西服套装,非正式场合所穿西装可上下分色。

4)皮鞋配套。穿西装一定要穿皮鞋,不能穿运动鞋等。

5)西装扣子的规范扣法。三粒扣西装一般扣上面两粒或中间一粒;两粒扣西装只扣上面一粒或全部不扣。正式场合,必须扣好第一粒扣子,坐下时方可解开。

(3)鞋袜的穿着要求。除配发的工鞋或指定鞋款外,男士应穿着黑色皮鞋配深色袜子,不可穿白色或浅色的袜子;女士应穿中跟皮鞋配肉色袜子,袜口不能露在衣裙之外。皮鞋应保持光亮、干净、无破损,且式样简洁大方,无多余装饰物。

(4)饰品的佩戴要求。餐厅服务员不可佩戴手表、戒指、手镯、手链、项链等饰品。

（5）发型。发型要朴实大方，保持清洁、整齐、无头屑。男士鬓发不盖过耳部，前不及眉，头发不能触及后衣领，不烫发、不染发；女士头发若过肩须将头发扎起，并用黑色发网罩住，不能梳怪异发型，不可染发，刘海儿不能遮眉。

（6）妆容。保持面部清洁，可做适当修饰。男士要剃净胡须，剪短鼻毛；女士要淡妆上岗，避免浓妆和使用香味浓烈的化妆品与香水。

（7）个人卫生。上班前不饮酒，不吃异味较大的食物，保持口腔清洁，口气清新，用餐后要刷牙或漱口。餐厅服务员要做到接触食物前必须洗手，并养成习惯；要经常修剪指甲，保持指甲清洁，女士不可涂有色指甲油。要勤洗澡，勤理发，勤换工作服，保持头发梳洗整齐，没有头皮屑。

餐厅服务员上班时要不吸烟、不喝酒、不吃零食、不在工作岗位用餐，不在面对客人或对着食物时打喷嚏、咳嗽等，工作时不做有碍卫生、有碍观瞻的动作。

 **小贴士**

> 对一般人而言，在服装的色彩上要想搭配成功，最重要的是掌握色彩的特性和搭配，以及正装色彩的选择。
>
> 1. 色彩的特性
>
> 色彩具有冷暖、轻重、缩扩等特性。
>
> （1）色彩的冷暖。使人产生温暖、热烈、兴奋之感的色彩为暖色，如红色、黄色；使人产生寒冷、抑制、平静之感的色彩为冷色，如蓝色、黑色、绿色。
>
> （2）色彩的轻重。色彩的明暗变化程度，称为明度。不同明度的色彩往往给人以轻重不同的感觉。色彩越浅，明度越强，使人有上升之感、轻感；色彩越深，明度越弱，使人有下垂之感、重感。日常着装通常讲究上浅下深。
>
> （3）色彩的缩扩。色彩的波长使人产生收缩或扩张的感觉。一般来讲，冷色、深色属收缩色，暖色、浅色则为扩张色。收缩色的服装显得人苗条，扩张色的服装显得人丰满。运用得当，二者皆可使人在形体方面扬长避短。
>
> 2. 色彩的搭配
>
> 色彩的搭配方法主要有统一法、对比法、呼应法。
>
> （1）统一法。即在配色时尽量采用同一色系中各种明度不同的色彩，按照深浅进行搭配，以便创造出和谐感。例如，穿灰色系的西装可以由外向内

逐渐变浅，深灰色西服配浅灰底花纹的领带和白色衬衫。这种方法适用于工作场合或重要社交场合的着装配色。

（2）对比法。即在配色时运用冷暖、深浅、明暗两种特性相反的色彩进行组合的方法。这种配色可以使着装在色彩上形成反差，突出个性。但要注意不可在上下二分之一处形成对比，以免给人"拦腰一刀"的感觉，要找到黄金分割点，即身高的三分之一处（穿衬衣从上往下第四个与第五个扣子之间），这样才有美感。

（3）呼应法。即在配色时，在某些相关部位刻意采用同一色彩，以便使其遥相呼应，产生美感。例如，在社交场合穿西服的男士讲究"三一律"，即公文包、腰带、皮鞋的色彩相同，就是运用此法。

3. 正装色彩的选择

正式场合所穿的服装，其色彩以少为宜，最好控制在三种色彩之内，这样有助于保持正装庄重、保守的总体风格，并使正装在色彩上显得简洁、规范。正装的色彩若超过三种则给人以繁杂、低俗之感。正装的色彩一般应为单色、深色且无图案。标准的正装色彩是蓝色、灰色、棕色、黑色；配套衬衫的最佳色彩为白色；皮鞋、袜子、公文包的色彩宜为深色（黑色最为常见）。

此外，肤色也影响着装的配色，浅黄色皮肤者，也就是我们所说的皮肤白净的人，穿什么颜色的衣服都合适，尤其是穿不加配色的黑色衣裤，会显得更加动人；暗黄或浅褐色皮肤者，也就是皮肤较黑的人，要尽量避免穿深色服装，特别是深褐色、黑紫色的服装。这种肤色的人选择红色、黄色的服装比较合适；肤色呈病黄或苍白的人，最好不要穿紫红色的服装，否则可能会使其脸色呈现黄绿色，加重病态感；皮肤黑中透红的人，应避免穿红、浅绿等颜色的服装，可穿浅黄、白等颜色的服装。

2. 仪态要求

（1）站姿。餐厅服务员的基本站姿如图3-1所示。从正面看，全身笔直，两眼正视前方，两肩平齐，两臂自然下垂，脚跟并拢，脚尖展开，两脚夹角呈60°，身体重心落于两腿正中；从侧面看，两眼平视，下颌微收，腰背挺直，中指贴裤缝，整个身体庄重挺拔。

站姿的要领是一平、二直、三高。一平，即头平正、双肩平、两眼平视；二直，即腰直、腿直，后脑勺、背、臀、脚跟呈一条直线；三高，即重心上拔，显高的同时给人向上的感觉。

（2）坐姿。优美的坐姿不仅包括坐的静态姿势，如图3-2所示，还包括动态姿势，即入座和起座。入座作为坐的"序幕"，起座作为坐的"尾声"，都直接影响坐姿的优美程度。

图3-1 站姿　　　　　　图3-2 坐姿

1）入座。入座时从容大方地走到座位前，自然转身，背对座位，双腿并拢，右脚后退半步，平稳自如地坐下，然后将右脚与左脚并齐，身体挺直，呈基本坐姿状。女士若着裙装，应用手沿大腿侧后部轻轻地把裙子向前拢一下，再顺势坐下，避免坐下后重新站起整理衣裙。

2）起座。起座时，右脚向后退半步，用力蹬地站起，站起后右脚收回与左脚靠拢。起身时，动作不要太迅猛。

（3）走姿。标准的走姿为：上身基本保持站立的标准姿势，挺胸收腹，腰背挺直；两臂以身体为中心，前后自然摆动。前摆约35°，后摆约15°，掌心朝内；起步时身子稍向前倾，重心落于前脚掌，膝盖伸直，脚尖向正前方伸出。

行走时需要注意，女士两脚行走呈一条直线，男士两脚行走呈平行线。同时，步幅（即跨步时前脚脚跟与后脚脚尖之间的距离）是本人的1～1.5个脚长；步速

（即行走时的速度）为女士每分钟118～120步，男士每分钟108～110步。

（4）蹲姿。

1）高低式蹲姿。如图3-3所示，下蹲时左脚在前，全脚着地；右脚稍后，前脚掌着地，脚后跟提起；右膝低于左膝，臀部向下，身体基本由右腿支撑。女士下蹲时两腿要贴紧，男士两腿间可保持适当距离。

图3-3　高低式蹲姿

2）交叉式蹲姿。左脚置于右腿的右前侧，使左腿从前面与右腿交叉；下蹲时，左小腿垂直于地面，左脚全脚着地；右膝从左腿后面向左侧伸出，右脚脚跟抬起，前脚掌着地，两腿前后靠紧，合力支撑身体；臀部向下，上身稍向前倾。此蹲姿女士较为适用，如图3-4所示。

（5）手势。在餐饮服务中，手势是经常使用的动作。例如，请顾客进门、请顾客就座、为顾客开门等，都需要用到手势。

1）横摆式。以右手为例，将五指伸直并拢，手心不要凹陷，手心向斜上方；腕关节微屈，腕关节要低于肘关节，如图3-5所示。做动作时，右手从腹前抬起至横膈膜处，然后以肘关节为轴向右摆动到身体右侧稍前的地方停住。同时，双脚呈右丁字步，左手下垂，目视顾客，面带微笑。

2）曲臂式。当一只手拿着东西或扶着电梯门、房门，但要做出"请"的手势时，可采用曲臂手势。以左手为例，五指伸直并拢，从身体的侧前方向上抬起，然后以肘关节为轴，手臂由体侧向体前摆动，摆至手与身体相距20厘米处停止。

图 3-4 交叉式蹲姿

3)斜下式。斜下式手势多用于请顾客入座,如图 3-6 所示。标准动作为:双手将椅子向后拉开,一只手臂由前抬起,再以肘关节为轴,前臂由上向下摆动,使手臂向下呈一斜线,并微笑点头示意顾客入座。

图 3-5 横摆式手势　　　　　　　图 3-6 斜下式手势

培训课程 2

中西餐及酒水服务礼仪

学习单元1 中餐服务礼仪

餐厅服务礼仪是餐厅服务员在服务过程中对服务对象表示尊重的一种规范化行为，是在餐厅服务中形成并得到共同认可的礼节，同时也是餐厅服务员在工作岗位上应该遵循的礼仪规范，属于职业礼仪的范畴。

一、餐厅值台服务礼仪

1. 准备礼仪

（1）实物准备。

1）餐厅服务员开始工作前应准备好相关用具，包括开瓶夹、火柴或打火机，以及铅笔或钢笔。

2）待顾客入座后，应为顾客斟茶、递香巾。倒茶以水杯容量的三分之二为宜，香巾要用夹钳放在小碟内。

3）如果顾客不慎将餐具掉到地上，应主动上前处理，并为顾客更换新的餐具。

（2）点菜礼仪。递送菜单时态度要恭敬，应先将菜单打开至正页第一页，然后按照顾客的正向方向递给顾客。男女一起用餐时，应先将菜单递给女士；很多人一起用餐时，应先将菜单递给主宾。

接受顾客点菜时，应微笑地站在顾客一侧，上身稍向前倾，手持点菜本、点菜宝或平板电脑，认真听顾客选定的菜品，并做好记录。顾客点完菜后，餐厅服务员应与顾客核对一遍菜单，以免出差错。

若顾客所点菜品在菜单中未列出，应尽量设法满足，不可简单地回答"没有"，可以说："请您稍等，我马上和厨师商量一下，尽量满足您的要求。"

提供点菜服务时，餐厅服务员除了按基本程序和基本要求为顾客服务外，还应具备向顾客推荐菜品的能力和灵活处理特殊问题的能力。

2. 上餐礼仪

斟酒、上菜要严格按操作规程进行；顾客点完菜10分钟内凉菜要摆上台，20分钟内要上热菜。

（1）上菜。上菜的位置应避开主人和主宾，在陪坐之间；上菜后，要将新菜转到主人与主宾之间，以示尊重。

放菜结束后，后退一步，同时报菜名，配以标准的介绍手势。派菜要按先宾后主、先女宾后男宾的顺序，从主宾开始顺时针依次派菜。派菜应站到顾客左侧，站立要稳，呼吸均匀，操作自如，做到一勺准。切忌越过顾客头顶上菜。此外，宴会上菜，应按主桌在前、陪桌在后的顺序进行。待菜品上齐后，应告知顾客"菜已上齐，请慢用"，以示尊重。

（2）斟酒。宴会上斟酒，要按先宾后主、先女宾后男宾的顺序进行。开拉酒水饮料瓶盖时，应在顾客的侧后方朝外拉开，倒香槟酒或其他冰镇酒水时，要用餐巾包好酒瓶再倒，以免酒水喷洒或滴落在顾客身上。

（3）走菜。摆放餐具及上菜时须用托盘，不应用手直接端拿，以免手指触及碗碟、菜品，影响食品卫生。此外，天再热，餐厅服务员也不得挽袖卷裤。走菜时，要注意步姿端正、自然，确保菜点和汤汁不洒不滴，遇到顾客要主动礼让。

（4）撤盘。要征得顾客同意后再撤盘，并按逆时针顺序进行，从左侧用左手将盘子撤下。撤下的餐具要放到就近的服务桌上的托盘里，不要当着顾客的面刮盘中的剩菜或将盘子在餐桌上堆得很高再撤。

3. 送客和翻台礼仪

（1）送客。

1）顾客不想离开时绝不能催促，也不要做出催促顾客离开的举动。

2）顾客离开前，如愿意将剩余食品打包带走，餐厅服务员应积极为其服务，不可轻视打包行为。

3）顾客结账后起身离座时，餐厅服务员应主动为其拉开座椅，以方便顾客离开，同时礼貌地询问其用餐是否满意。

4）餐厅服务员要帮助宾客穿戴外衣、提携东西，提醒顾客不要遗落物品。

5）餐厅服务员要礼貌地向顾客道谢，欢迎其再次光临。

6）餐厅服务员要面带微笑地注视顾客离开，或亲自陪送顾客到餐厅门口。

7）遇特殊天气时，餐厅应有专人安排顾客离店。如亲自将顾客送到餐厅门口，下雨时为没带雨具的顾客打伞，扶老携幼，帮助顾客叫出租车等，直至顾客安全离开。

8）大型餐饮活动的欢送要隆重、热烈，餐厅服务员应穿戴整齐，列队欢送，使顾客感受到服务的真诚和温暖。

（2）翻台。翻台是指在顾客离开餐厅后，餐厅服务员收拾餐具、整理餐桌，并重新摆台的过程。翻台往往是在其他顾客仍在进餐的过程中进行，或是在没有找到餐桌的顾客正在等候时进行的，所以，翻台的规范操作和效率至关重要。可以说，翻台率的高低和翻台速度的快慢，能够反映出餐厅营业水平和接待能力的优劣。翻台服务中应注意以下要点。

1）翻台应及时、有序，按酒具、小件餐具、大件餐具的顺序进行撤台。

2）翻台时，若发现顾客遗忘的物品，应及时交还顾客或上交有关部门。

3）翻台时，应注意文明作业，保持动作的稳定，不要损坏餐具和物品，不要惊扰正在用餐的其他顾客。

4）翻台时，应注意周围的环境卫生，不要将餐纸、杂物、残汤剩菜等乱洒乱扔。

5）撤台结束后，应立即开始规范摆台，尽量减少顾客的等候时间。

二、中餐用餐礼仪

1. 中餐的用餐类型与方式

（1）用餐类型。

1）正式宴会。正式宴会是指一种隆重且正规的宴请，是为宴请专人而精心安排的，一般安排在比较高档的餐厅或特定的地点举行，是讲究排场、气氛的大型聚餐活动。其对到场人数、穿着打扮、席位排列、菜品数目、音乐演奏、宾主致辞等，都有十分严谨的要求。

2）便宴。便宴适用于正式的人际交往，多见于日常交往。它的形式从简，偏重于人际交往，而不注重规模、档次。一般来说，便宴只有相关人员参加，对穿着打扮、席位排列、菜肴数目往往不作过高要求，也不安排音乐演奏和宾主致辞。

3）家宴。家宴是指在家里举行的宴会。相对于正式宴会而言，家宴最重要的是营造亲切、友好、自然的氛围，使宾主双方轻松、自然、随意，彼此增进交流、加深了解、促进信任。通常家宴在礼仪上不作特殊要求。为了使来宾感受到主人的重视和友好，基本由女主人或男主人亲自下厨烹饪，由男主人或女主人充当服务员，共同招待客人，给客人宾至如归的感觉。

（2）用餐方式。

1）分餐式。分餐式用餐是指为每一位用餐者分别提供同样的主食、菜肴、酒水及餐具，每人一份，分别使用。此方式适用于各类餐会。

2）公筷式。公筷式用餐是指用餐时，主食、菜肴等不必每人一份，但在取用主食、菜肴时，不可用已入口的餐具直接取食，应借助于带有特殊标记的、公用的餐具取适量放入个人的食碟、汤碗内，再用个人的餐具享用。

3）自助式。自助餐不排席位，也不安排统一的菜单，是将能提供的全部主食、菜肴、酒水陈列在一起，用餐者根据个人喜好，自由选择。自助餐的费用相对较低，而且礼仪讲究不多，宾主都方便。在举行大型活动，需接待数量众多的来宾时，自助餐也是明智的选择。

4）混餐式。混餐式用餐是指多个人共同用餐，主食、菜肴被放在公共的碗、盘中，由用餐者根据个人喜好使用个人的餐具直接取食。混餐式用餐不适宜宴请外国朋友。

2. 点菜

点菜时，不仅要能吃饱、吃好，还要注意菜量，避免浪费。点菜时，要心中有数，力求做到不超支，不铺张浪费。餐厅服务员应以此为标准向顾客推荐菜品。

3. 上菜

中式菜肴品种繁多，且有菜系之分。中国的菜系具有明显的地方特色和民族特色，所以虽然都是中式菜肴，但因地域的不同，上菜的次序也会有所不同。通用的上菜次序为：冷盘、热炒、主菜、主食、果盘。除此之外，南方以广东等地区为例，多以粤菜为主，上菜时应将汤放至第一位；而北方的菜系，如鲁菜，汤则是放在主菜后面。此外，咸口点心应配咸口的汤；甜口点心就要配甜口的汤。

 小贴士

中餐的上菜次序

中餐上菜的次序自古就很有讲究。清朝乾隆年间的才子袁枚，在其所著

的《随园食单》中就对上菜次序做过如下论述："上菜之法，盐者宜先，淡者宜后；浓者宜先，薄者宜后；无汤者宜先，有汤者宜后。""度客食饱，则脾困矣，须用辛辣以振动之；虑客酒多，则胃疲矣，须用酸甘以提醒之。"袁枚的这段话，总结了中餐宴会上菜的一般次序。

中国的地方菜系很多，且有多种宴会种类，如著名的燕菜席、燕翅席、鱼翅席、鱼唇席、海参席、全羊席、全鸭席、全鳞席、全素席、满汉全席等。由于菜系不同，宴会席面不同，其菜肴设计也就不同，因此，上菜次序也不会完全相同。例如，全鸭席的主菜——北京烤鸭，就不作为头菜，而是作为最后一道大菜，人们称其为"千呼万唤始出来"。而燕翅席，因为席上根本无炒菜，所以在主菜之后上的是烧、扒、蒸、烩一类的菜肴。此外，上点心的时间也因各地习惯不同而有所不同。如有的是在宴会中间上，有的是在宴会将结束时上；有的甜、咸点心一起上，有的则分别上。这些都需根据宴席的类型、特点和需要，因人因事因时而定。基本原则是既不可千篇一律，又要按照中餐宴会相对稳定的上菜次序进行。

中餐宴会上菜的原则是：先冷后热，先菜后点，先咸后甜，先炒后烧，先清淡后肥厚，先优质后一般。

学习单元2　西餐服务礼仪

一、西餐的服务礼仪

西餐的服务礼仪主要包括开菜、点菜、斟酒、派菜、分菜时的服务礼仪。顾客被引到餐桌前，餐厅服务员要主动问好，并为顾客拉椅让座，用不锈钢夹夹起香巾递给顾客。

顾客如预先没有订菜，餐厅服务员要站在主宾的左侧，躬身双手将菜单递上，请顾客点菜。点菜时可适当地推荐本店名菜。菜单一般先递给主宾、女宾或者年长者。餐厅服务员应认真听顾客选定的菜品，并做好记录。

快开席时，餐厅服务员应将主宾、主人的口布从水杯内取出递给顾客。如顾客点了酒水，从上第一道菜开始，餐厅服务员应为顾客斟上第一杯酒。斟酒的顺序为先男主宾，后女主宾，从正主位左侧开始，按顺时针方向逐位斟酒，最后再斟主位。斟酒时，应先斟烈性酒，再斟果酒、啤酒、汽水饮料。当宾客祝酒或讲话时，餐厅服务员应停止一切活动。

餐厅服务员在斟酒、上菜、分菜时，左臂应搭一块干净餐巾，以备擦酒滴、饮料滴等，但不可擦自己的手。斟酒时，一般右手握酒瓶，左手托酒瓶上端，将酒水徐徐倒入杯中。

二、西餐的上菜次序

西餐菜品主要有汤、沙拉、海鲜、肉类、甜品、热饮等。顾客点菜时，应先决定主菜，例如，主菜如果是鱼，开胃菜则可选择肉类，使口味更丰富。点菜时，不必配出全餐，只需开胃菜和主菜各一道，再加一份甜品即可。正式的全套西餐上菜次序如下：

1. 开胃菜

西餐的第一道菜是开胃菜，也称为开胃品或"头盘"。开胃菜一般有冷头盘和热头盘之分，常见的菜品有鱼子酱、鹅肝、熏鲑鱼、奶油鸡酥盒、焗蜗牛、沙拉等。开胃菜多具有特色风味，味道以咸和酸为主，数量少，但质量较高。

 **小贴士**

> 沙拉可细分为开胃沙拉、配菜沙拉、主菜沙拉、餐后沙拉。沙拉酱汁种类繁多，酱汁不同，沙拉也有所不同。例如，凯萨酱、罗勒鳀鱼酱、尼斯酱常做开胃沙拉；芥末油醋汁、千岛沙拉酱、大蒜油醋汁常做配菜沙拉；苹果芥末油醋汁、塔塔酱、白酒醋香草酱常做主菜沙拉；马士卡彭沙司酱、酸奶美乃滋、草莓酱汁常做餐后沙拉。

2. 汤

西餐的第二道菜是汤，也称为西餐的"开路先锋"，只有开始喝汤才算是正式吃西餐。西餐的汤大致可分为清汤、奶油汤、蔬菜汤和冷汤四类。常见的有牛尾清汤、各式奶油汤、海鲜汤、美式蛤蜊汤、意式蔬菜汤、俄式罗宋汤、法式焗葱头汤等。冷汤的品种较少，有德式冷汤、俄式冷汤等。西餐中，随汤多配送面包或三明治。

3. 副菜

西餐的第三道菜一般为鱼类菜肴，也称为副菜。品种包括各种淡、海水鱼类、贝类及软体动物类。通常水产类菜肴与蛋类、酥盒菜肴都称为副菜。因为鱼类等菜肴的肉质鲜嫩，比较容易消化，所以放在肉类菜肴的前面，叫法上也和肉类菜肴（主菜）有区别。西餐中鱼类菜肴多配有专用的调味汁，品种有鞑靼汁、荷兰汁、酒店汁、白奶油汁、大主教汁、美国汁和水手鱼汁等。如果第一道菜上过贝类食物，那么可以不再点这道菜。

4. 主菜

西餐的第四道菜一般为肉、禽类菜肴，也称为主菜。肉类菜肴的原料取自牛、羊、猪等牲畜，其中最有代表性的是牛排。牛排按其部位可分为沙朗牛排（也称西冷牛排）、菲利牛排、"T"骨形牛排、薄牛排等。其烹调方法常用烤、煎、铁板等。肉类菜肴配用的调味汁主要有西班牙汁、浓烧汁、蘑菇汁、白尼斯汁等。禽类菜肴的原料取自鸡、鸭、鹅，此外，用兔肉和鹿肉等野味所制菜肴也属禽类菜肴。禽类菜肴的原料以鸡居多，常见的有山鸡、火鸡、竹鸡，可煮、炸、烤、焖，主要的调味汁有黄肉汁、咖喱汁、奶油汁等。

5. 甜品

西餐的第五道菜是甜品。吃过主菜后一般会有蛋糕、饼干、布丁等甜品，让没有吃饱的人填饱肚子。常见的甜品有布丁、冰激凌、提拉米苏等。

6. 热饮

西餐的第六道菜是热饮。最正规的热饮是红茶或黑咖啡，二者选其一，可以在餐桌上喝，也可以到休息厅去喝。咖啡一般要加糖和淡奶，茶一般要加香桃片和糖。

学习单元3 酒水服务礼仪

一、斟酒服务礼仪

1. 送酒与试酒

（1）餐厅服务员需将酒瓶擦拭干净，特别是瓶口部位。

（2）红酒开瓶后，需闻一下瓶塞的味道，若酒变质，其瓶塞会有异味。

（3）酒瓶若有破裂或变质，要及时更换。

（4）用托盘装托已开瓶的酒水时，需将较高的瓶子放在托盘里侧靠近胸前的位置，将较低的瓶子放在托盘外侧，这样容易掌握托盘的重心。

（5）送酒时应避免送错或再次询问。

（6）西餐斟酒前需先倒少许给酒的主人或点酒人，供他们试酒，待顾客确定后，才可开始斟酒。

2. 斟酒

（1）斟酒时，餐厅服务员要站在顾客身后右侧，面向顾客，左手托盘或左手拿一块折成小正方形或小长方形的餐巾，右手持瓶，侧身为顾客斟酒。注意身体不要紧贴顾客，也不要离得太远。

（2）不要用酒布将瓶身包起来。餐厅服务员的手不可触碰顾客酒杯的杯口。

（3）斟酒时，瓶口不可碰触酒杯，瓶口应略高于杯口1~2厘米，斟完后将瓶口提高3厘米并旋转45°，使最后一滴酒均匀分布于酒瓶瓶口以免滴在餐桌子，斟酒完毕应以酒布擦拭酒瓶。斟酒需要注意以下三个方面。

1）斟酒顺序。宴会上斟酒需先斟给坐在主人右侧的宾客，即主宾，再按顺时针方向绕桌斟酒，主人的酒最后斟。如果有携带女伴的宾客参加，要注意先为女士斟酒，即女士优先。高级宴会的斟酒顺序是先主宾后主人，再斟给其他宾客。

2）斟酒量。中餐斟酒以满杯为敬，白酒、啤酒等斟满杯一般是指八分满。而西餐斟酒的酒量则因酒的不同而有所不同，如白葡萄酒不可超过酒杯的2/3，红酒不可超过酒杯的1/2等。

3）斟酒方法。

①香槟酒。分两次斟，第一次先斟1/3杯，待泡沫平息后再斟至酒杯的2/3处或3/4处即可。

②啤酒。开始时，应将瓶口放入杯中快速倒入，一边倒一边把瓶口慢慢移向杯边，速度由快变慢，必要时可以分两次斟酒，或将酒杯倾斜使酒沿着杯壁流入杯中，以防啤酒的泡沫上升溢杯。啤酒一般以八分液体、二分泡沫为好。

二、咖啡服务礼仪

1. 引领入座

（1）迎宾：微笑并主动问好，如"欢迎光临"或"您好"。同时询问："请问您几位，马上帮您安排。"

（2）引领：伸出手摆出"请"的姿势，并引领顾客到适当的位置。若遇台阶需提醒顾客。

（3）指示桌子：面带微笑，伸手并以手掌指向桌子，示意顾客到达位置。

（4）入座：帮顾客轻拉出座椅，并协助其调整坐姿。女士及年长者优先。

2. 点咖啡

（1）倒水：顾客落座后，需为其提供一杯饮用水。倒水时应站在顾客右前方，水壶不可碰到杯口，倒八分满即可。此外需关注顾客水杯中的水量，低于五分满时为其加水。

（2）送咖啡单：将咖啡单递给每位顾客或年长者、女士。

（3）询问：询问顾客需要什么饮品。询问时，以女士及年长者优先。

（4）点单：认真听顾客所点饮品并认真记录。

（5）复述：顾客点完后，应与其进行再次确认，防止出现错误。

3. 上咖啡

（1）检查：确认咖啡和桌号后，按顾客指示为其送上咖啡。

（2）核对：检查清单上的咖啡是否上齐。

4. 送客

顾客要离开时，应站在门口处鞠躬微笑，并主动道别，如"谢谢光临，请慢走，欢迎再次光临"。

5. 餐桌整理

待顾客离开后，迅速将其用过的餐具撤下并清理餐桌；整理座椅，重新布置餐桌。

培训课程 3

中外民族民俗

学习单元　中外饮食习俗

一、我国部分地区的饮食习俗

1. 京津冀地区

北京人的主食以饺子、面条、烙饼、馒头等为主，喜食肉类。天津人的主食以大米为主，喜食鱼、虾等海味，素有"吃鱼吃虾，天津为家"之说。河北地区饮食习俗的显著特点是"杂"，可以用"南北东西迥异，千姿百态纷呈"来形容河北多样的饮食习惯。

2. 东北地区

东北人口味偏咸、酸，常见主食有大米、豆饭和馒头、饺子、面条等，佐餐食品有大酱、酱制品、酸菜、腌菜、豆腐和冻豆腐等。东北人一般喜食肉类、鱼、虾。

3. 苏沪地区

浙江、江苏和上海在饮食习惯上差异不大，习惯上统称为"江浙口味"。长江以南，以苏州为中心的苏南饮食文化历史悠久，多以鱼类为日常菜品，口味清淡，少食辛辣，少用调料、辅料，讲究食物和菜品的原色原味，注重实用性和艺术审美性。长江以北的苏北地区在日常饮食上，主食以稻米、面粉、杂粮为主，小吃较多，扬州等地有"吃下午茶"的习俗。浙江菜品的口味以滑嫩爽口、糯而不腻、清淡纯鲜为主，酸辣味次之。"笋"在浙江人饮食中占有重要地位，拌、炒、烧等食法多样。上海水产丰富，且西餐文化渗透得较早，上海人口味清淡，也喜食西餐。

4. 山东

山东人的口味偏咸，沿海一带如青岛、烟台等地的人口味偏咸鲜。山东的馒头、小米煎饼在北方享有盛誉，山东人普遍喜食生葱、生蒜、豆腐等。沿海地区喜食海味，有吃鱼肉馅饺子和用甜酱做鱼的习惯。

5. 山西

山西人的口味是咸中带酸，醋是必食之品，山西陈醋名扬全国。主食以小米、面食居多，山西有"中国面食之乡"的美誉，有"一面百样吃"的说法。

6. 四川

四川人喜麻辣口味，四川小吃天下闻名，包括担担面、龙抄手、赖汤圆等。四川泡菜是四川人的家庭常备小菜。此外，麻辣火锅也是四川的一大特色，有"食在中国，味在四川"之誉。

7. 湖南

湖南人以大米为主食，喜食辣味、苦味的食物，有吃生姜、嚼槟榔、敬苦茶的习惯，对川菜、鲁菜也多能接受。湖南的特色小吃有冰糖湘莲、油炸臭豆腐（臭干子）等。

8. 江西

江西人以大米为主食，爱吃米粉，菜品味浓油重、稠芡厚汁、鲜咸香辣，主料多用整鸡、整鸭、整鱼和整块的猪前腿肉。豆制品在江西人的饮食中占有重要地位。

9. 福建

闽南、闽西和闽中北地区在饮食习惯上多有差异。以厦门、泉州为代表的闽南地区，海产丰富。闽中北地区盛产水稻，以大米为主食，在调料上喜好虾油、红糟、料酒。红糟为福建特产，以红糟调味是福建菜的特色。

10. 广东

广东人以大米为主食，一日三餐，先茶后饭。广东菜的烹调方法多样，调味以甜为主，酸辣次之。广东人的饮食习俗具有多样性、复杂性和特殊性，南北融汇，中西合璧。"食在广州"是对广东饮食文化最精练的语言赞誉。

11. 港、澳、台地区

我国港、澳地区的饮食习俗与广东类似，口味清淡，喜食海鲜和野味，对烤、炸的鸡、鸭也比较喜欢。台湾地区的饮食习惯与福建相似，其口味清淡，重酸甜，喜食海鲜、蔬菜、水果等。

二、我国部分少数民族的饮食习俗

1. 满族

满族人以面食为主，喜黏食，满族人十分讲究各种面食的制作。代表满族饮食文化的是八大碗的"满洲席"，以及种类繁多的风味小吃和点心，萨其马是满族面点的代表。

2. 回族

回族人主食以面食为主，副食以牛、羊、鸡肉和蔬菜为主。回族素食以清、净、香、甜、雅著称。回族人忌食猪肉、狗肉、驴肉、马肉、骡肉，俗称忌大荤；也忌食牛、羊肉罐头和黄油，以及无鳞鱼。在吃馒头、饼、馕时，一般要掰成小块再食用；忌说"杀"字，需用"宰"字代替。回族人重视礼节，给宾客倒茶、端茶时需用右手，宾客应双手相接。

3. 彝族

彝族人以杂粮、面食、大米为主食，早餐多为疙瘩饭，午餐以粑粑作为主食，以荞麦面做的粑粑最富有特色。肉食以猪、羊、牛肉为主，主要做成"坨坨肉"。蔬菜的来源十分广泛，除鲜吃外，大部分都要做成酸菜，且酸菜有干酸菜和泡酸菜之分。此外，一种名叫"多拉巴"的菜也是彝族的常见菜肴。

4. 蒙古族

蒙古族的传统食品是"红食"和"白食"。"红食"主要是指牛、羊肉，"白食"主要是指奶类制品。牧区的蒙古族人一般以牛、羊肉和奶及奶制品为主食，农区的蒙古族人一般以粮食为主食，肉食为副食。蒙古族人喜饮牛奶、羊奶、马奶和用牛、羊奶熬成的奶茶，以及砖茶、红茶。奶茶、奶油、奶糕、炒米、烤肉和手抓肉是家常菜，烤全羊是宴请远方宾客的最佳菜品。

5. 藏族

藏族人信仰佛教，饮食上忌食鱼、虾等海味，也忌食奇蹄类、五爪类和禽兽，如驴、马、骡、兔、鸡、鸭、鹅等，可食用偶蹄动物，如牛、羊。牧区藏民以牛、羊肉和奶及奶制品为主食，农区藏民以粮食为主食，蔬菜为副食。藏族人多食"糌粑"，饮酥油茶。

6. 黎族

黎族人的主食为大米，其次是玉米、番薯和木薯等杂粮。他们有一种颇有特色的野炊方法，即取一节竹筒，装入适量的米和水后，将其放在火堆里烤熟，用餐时剖开竹筒即可，这便是有名的"竹筒饭"。此外，将野味、猪肉、香糯米和少量的盐放入竹筒，烧成香糯饭，更是异香扑鼻，是招待宾客的美食。"雷公想"是一种黎族人经常食用的野菜，将其与小鱼、虾或肉骨同煮，是极为可口的佳肴。鱼茶是黎族的风味佳肴，口味酸甜，且有酒味菜香，是招待贵客用的上等菜品，其是由煮熟的米饭和生鱼密封8天左右发酵而成。鱼茶可制成干茶和湿茶两种，也可如法炮制肉茶、菜茶、蛋茶等。

三、我国部分客源国饮食习俗

1. 日本

日本料理十分有名，种类也很多，除生鱼片、天妇罗（油炸鱼虾、蔬菜）、寿司（饭团）、荞麦面外，还有关东料理、京都料理、大阪料理等各具特色的地方风味。日本人爱吃鱼，其食法多样，但都需将骨去除。生鱼片在日本称为"刺身"，主要以新鲜的鲷鱼、鲈鱼、金枪鱼、鲑鱼等为原料。日本人每逢喜事和节日，都要吃红豆饭。日本人口味偏甜、酸和辣，比较喜欢吃中国菜中的广东菜、北京菜、淮扬菜和不太辣的川菜。

2. 韩国

韩国人的主食有大米、煎饼、面条等，最喜食荞麦面。其中，面条有热面、冷面、拌面。多数韩国人喜欢辣、香、蒜味，喜欢中国的川菜，喜欢喝汤，尤其是黄酱汤。韩式烤肉也是韩国人喜爱的菜品。

3. 新加坡

新加坡人以大米、包子和饺子为主食，喜食鱼虾等。新加坡人喜食水果，常在下午吃点心，很喜欢吃中国菜，特别是广东菜和四川菜。另外，西餐对其饮食习俗也有较大的影响。

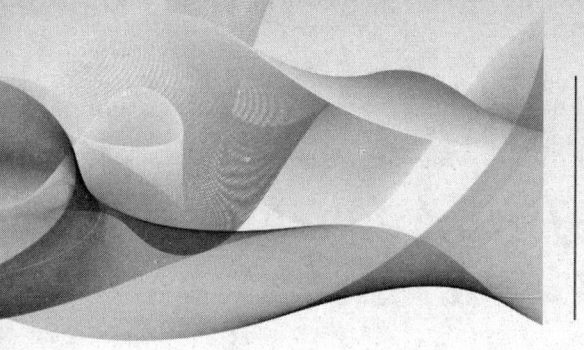

职业模块 ④
中餐与西餐服务

培训课程 1

中餐服务

学习单元1　中餐零点服务

一、零点的概念

零点也称零餐、散座、散客、散餐、点菜、散席等。其中,"零"指顾客零星而来,"点"指顾客可以自由点餐。中餐零点服务是指为零星到店的顾客提供的用餐服务。零点餐厅服务部门是餐厅服务中工作量最大的部门,要求餐厅服务员有过硬的餐厅服务基本功、处理问题的能力和一定的推销能力,以其优质的服务赢得更多顾客的光顾。

二、零点服务的特点

1. 就餐时间具有随意性

顾客进入餐厅的时间不统一,有的顾客在未开始营业时就步入餐厅,有的则在营业将结束时才姗姗而来。对此,餐厅服务员要有耐心,周到地接待每一位顾客。

2. 就餐要求具有多样性

顾客来自不同的国家和地区,他们有着不同的生活习惯和口味要求,也有着不同的就餐目的。餐厅服务员应具备较强的推销意识,根据顾客的需求和喜好,主动向顾客推荐餐饮产品,使顾客在品尝物有所值的美味佳肴时,还能享受到热情周到的服务。

3. 就餐场所具有选择性

顾客往往根据餐厅菜肴的品种和特色、质量和价格、就餐环境、出菜速度以及服务态度等来选择就餐的场所。因此，中餐零点服务要求不仅要有优质的菜肴、优美的环境，还必须具有优良的服务，以取得顾客的信任，使顾客高兴而来，满意而归，并争取更多的回头客。

4. 接待工作具有复杂性

由于零点餐厅顾客多而杂，就餐人数、时间不固定，口味需求多样，以致餐厅的接待工作波动性大、工作量大，营业时间较长。因此，要求餐厅服务员具有较全面的服务知识与技巧，在接待、点菜、上菜、撤换餐具、结账等环节中，做到"接一、安二、招三、顾四"，即接待第一批顾客，安排第二批顾客，招呼第三批顾客，照顾到第四批顾客，服务迅速快捷而不紊乱。

5. 生产、销售、消费具有同步性

针对这一特点，餐厅的菜品要比较全面，食品原料的储备及餐具等物资的准备必须充足。餐厅服务员要有较强的推销意识，以适当的时机和恰如其分的语言向顾客推荐菜品、酒水，以适应和满足不同消费层次顾客的需要。

三、中餐零点服务流程

中餐零点餐厅的服务流程包括餐前准备、迎宾服务、就餐服务和餐后服务四个环节。

1. 餐前准备

（1）召开餐前会。开会之前，餐厅服务员必须换好工作服并列队，由领班或餐厅主管召开餐前会。餐前会的主要内容是：介绍订餐情况，客源及顾客要求，当天菜品、酒水、饮料的供应情况，菜品价格的调整等，并划分进餐区域，分配工作。

（2）整理餐厅。

1）清洁餐厅。餐厅清洁按清洁周期可分为日清洁、周清洁和临时清洁，其具体项目由各餐厅根据规格、接待对象的不同自行拟定。餐厅的清洁工作一般都包干到人，即每一处、每一次的清扫工作都落实到个人，明确任务和要求，以确保效率和质量。此外，餐厅服务员还要听从指挥，参与临时清洁工作。保证清洁舒适的就餐环境是做好接待工作的前提。

2）布置餐厅。餐厅的布置包括环境布置、排列餐台、摆台三方面内容。中餐零点餐厅的布置较为简单，主要检查餐厅的家具是否完好，餐桌餐椅排放是否统一、整洁美观，设备运转是否正常，并按不同的餐次进行摆台。

（3）准备物品。就餐物品主要有餐具和服务工具，包括调味品、牙签、餐巾纸、菜单、茶水等。在备餐柜内放入一定量的餐具，餐具要分类放置，并固定摆放位置，便于拿取。冬天要将小毛巾放入温度为50℃左右的保温箱内，夏天可放入冰箱中。此外，还须准备茶叶、开水等。

（4）全面检查。餐前检查包括自查、领班和管理人员抽查以及全面检查。要求餐厅环境清洁，布局整齐美观，餐具、用具准备齐全，电器完好无损，餐厅服务员仪表端庄、服装整洁、工号醒目、精神饱满。

（5）准备迎宾。各种准备工作就绪后，餐厅服务员应在营业前10分钟到达岗位。

2. 迎宾服务

（1）热情迎宾。当顾客距离餐厅门口约1.5米距离时，餐厅服务员应主动为顾客拉开厅门，并面带微笑，行礼问候。

（2）合理领位。引领顾客就座一般由迎宾员负责，也可由餐厅服务员完成领位与点菜工作。领位前要询问顾客是否有预订。如果有预订，应将顾客引领到预订席位，并说"××女士/先生，我们正在恭候您"；如果没有预订，应询问就餐人数及顾客对就餐场地的要求，在顾客的侧前方，随着顾客的步速，将其引到合适的餐位。在遇转弯或进入包间时，要伸手示意，领到座位后要为顾客拉椅让座。

领位时需要考虑就餐人数、服务区域、订餐情况及顾客的特点等。对于面积较大的餐厅，餐厅服务员对客位的情况要做到心中有数，同时根据各区域的客流量合理安排顾客。同时还要注意：当餐厅不拥挤时，安排座位应征求顾客的意见，或安排在餐厅窗边的位置，以便吸引过往行人前来就餐；全家或朋友聚餐，多安排在包间或餐厅的一侧、一角，以免影响他人；带孩子的顾客宜安排在餐厅的一侧，对于较小的孩子要及时送上儿童座椅；若是情侣或一男一女前来就餐，可安排到窗边的位置；重要的顾客或贵宾，一般安排在安静的包间；老年人、体弱及残疾人应安排在离餐厅门口较近、出入方便的位置。

当餐厅满座时，要维持好候餐区的秩序，一旦有空位，按先来后到的顺序安排就餐。有预订的客人在订餐时间内应给予优先安排。

引领顾客入座应女士优先，女士的手提包可以挂在衣架上或放在空座位上，如果没有空座位，可用预备椅子，同时询问顾客是否需要罩椅套。当两位结伴而来的顾客相对而坐时，餐桌中间摆放的台花有可能阻挡顾客视线，因此，当顾客就座时应顺手将其挪到旁边。

（3）递巾送茶。用托盘托送香巾时，应从顾客的右侧为其递上。主动询问顾客对茶的喜好，并介绍本餐厅的茶叶品种。

（4）礼貌斟茶。泡茶时，要使用茶勺放茶，不要用手抓茶，茶量要准确，注意操作卫生。送茶时，站在顾客的右侧为其送上茶水。斟茶的方法按当地的习惯即可，斟茶量为八成满。当斟完第一杯礼貌茶后，需要根据具体的情况将壶内注满开水，再放置在顾客的餐桌上，注意不要将壶嘴对着顾客。

（5）递送菜单、酒单。待顾客入座后，餐厅服务员应按顾客的人数拿取一份或若干份菜单，字面朝向顾客，按先宾后主、女士优先的原则从顾客右侧将菜单送至其手中。

（6）落口布。餐厅服务员站在顾客右侧，拿起口布将其松开，双手各拿一角，右手在前，左手在后，将口布轻轻地铺在顾客的腿上，或将口布的一角压在餐盘的下方。在不方便的情况下，也可以在顾客左侧操作。如果顾客暂时离开，餐厅服务员要将口布折叠为三角形，平放在餐位的右边。

（7）整理餐桌。餐厅服务员需为顾客脱去筷套，视就餐人数进行撤位、加位，收掉餐桌上的小毛巾。操作时均要求使用托盘。

一切工作就绪后，备好点菜单和笔，站在适当的位置，等待顾客点菜。

3. 就餐服务

（1）接受点菜。待顾客看过菜单后，便可礼貌地站在顾客的后侧约50厘米处，征询顾客的意见开始点菜。点菜时要掌握顾客的心理特点、就餐目的、口味要求，并要运用一定的语言技巧，有针对性地为其介绍菜品、酒水及价格，如推荐本餐厅的特色菜、特价菜、创新菜等，让顾客了解餐厅菜品的特点。记下菜名后，应向顾客重复一遍所点菜品，以免听错或记错，待顾客确认后，将顾客的特殊要求加以注明并下单。点完菜后，收回菜单、酒水牌，集中放在迎宾台或吧台备用。

点菜单一般一式三联，一联应交给传菜部通知厨房准备菜肴；一联送至收银台，用于结账；一联由餐厅服务员或传菜员保存，对照上菜。如果餐厅是用掌上电脑点菜，餐厅服务员确认下单后，点菜单会直接传入厨房、收银台和传菜间，厨房、收银台、传菜间的终端打印机会分别打印出清单。菜品做好后，餐厅服务员依据打印清单上菜，收银员依据打印清单制作账单收款。

（2）酒水服务。餐厅服务员要根据顾客所点的酒水摆上相应的酒杯、饮料杯等，并撤去餐桌上多余的杯子，用托盘将酒水送到顾客面前，按操作要求进行斟酒。斟完第一杯后，可将剩余的酒水放在餐台的一角或放在附近的工作台上，以备随时为顾客续杯。

（3）上菜服务。从餐厅服务员下单开始计时，第一道热菜通常要在15分钟内为顾客呈上。上菜时要按顺序上菜，对于特色菜、风味菜要报菜名，并进行适当的介绍，及时回答顾客的询问，并将各种信息及时反馈给领班。当最后一道菜端上桌时，要告知顾客，并询问是否还有其他需求，同时向顾客介绍甜点和水果。

（4）餐间服务。顾客在就餐期间，餐厅服务员要来回巡台，发现问题及时处理，如撤换餐具、续酒水、清理台面、添加菜品及佐料、处理突发事件等。

4. 餐后服务

顾客用餐即将完毕时，就要核对顾客所点的菜品和酒水，以便能快速准确地为顾客结账。

（1）结账收款。餐饮结账收款涉及物、单、钱三个方面。三者的关系是：物品消费掉，账单开出来，货币收进来，从而完成销售活动的全过程。在物、单、钱三者之间，物品是前提，因为如果没有物品供顾客消费，其余两者都是空的；钱是中心，因为所有活动都是紧紧围绕款项收支进行的；单据是关键，因为钱是根据单据计算和收取的，失去了单据，就失去了控制。

中餐零点餐厅结账一般是在顾客进餐完毕后一次性将账款付清。因此，若有同桌搭台的顾客，餐厅服务员在结账时应分清账单，避免出现错单、漏单和跑单现象。

当顾客提出结账时，餐厅服务员要将账单放入收银盘或收银夹内及时呈上。递送账单时，身体略微向前倾斜，音量适中，并礼貌地说："先生（女士），这是您的账单，请过目。"

（2）征询意见。虚心听取顾客对就餐方面的意见，不断改进工作、提高服务质量。

（3）热情送客。顾客结束用餐离席时，应主动上前拉椅送客，提醒顾客携带好随身物品，并与顾客热情道别。顾客离座后，应及时检查客位附近有无顾客遗落的物品，若有，要及时交还给顾客。

（4）清理台面。餐后清理台面也称"翻台"，是指一批顾客离席后，餐厅服务员立即清理餐桌，重新摆台，并安排下一批顾客就餐的过程。翻台时，必须等顾客全部离开后才能进行。

（5）结束工作。营业结束后，餐厅服务员要对餐厅进行整理，收拾餐具、用品；打扫环境卫生，调整餐桌、餐椅，清点酒水，关灯关水，进行防火安全检查，待领班检查认可后方能离去。

学习单元 2　中餐宴会服务

一、宴会的概念和特点

1. 宴会的概念

宴会是国际和国内的政府机关、社会团体、企事业单位或个人为了表示欢迎、答谢、祝贺、喜庆等社交目的举行的一种隆重的、正式的餐饮活动。宴会是在普通用餐基础上发展起来的具有规格化、社交性、礼仪性的聚餐形式。

2. 宴会的特点

（1）经营活动多样。宴会活动不仅有就餐，还伴有表演、展示等。因此，一次大型宴请活动往往涉及饭店的各部门、各环节，如准备原料、前台协调、安保等，需要各部门相互配合。

（2）设计范围广泛。宴会设计的内容包括场景、菜单、程序、礼仪、台面和安全等，涉及烹饪、装饰与布置、心理学、礼仪、餐厅服务与管理等多方面的知识。

（3）接待工作复杂。宴会的就餐时间长，对接待服务和礼仪要求较高，环境布置需精心设计，菜点品种繁多且需精细，同时，就餐人数较多。因此，餐厅服务员在整个服务过程中要严格按操作规程进行，以保证宴会顺利进行。

二、宴会的类型

宴会按餐别可分为中餐宴会、西餐宴会、中西合璧宴会、冷餐宴会和鸡尾酒会等；按规格可分为国宴、正式宴会、便宴；按用餐形式可分为立式宴会和坐式宴会；按用餐标准可分为高档宴会、普通宴会等；按宴请目的可分为欢迎宴会、答谢宴会、迎送宴会、喜庆宴会、洽商宴会等；按举行宴会的时间可分为早宴、午宴和晚宴。另外，还可以根据宴会的菜肴划分，如鱼翅宴、海鲜宴、燕窝宴、野味宴、火锅宴、饺子宴等。此外，还有各种形式的招待会和民间举办的婚宴、寿宴、筵席等。下面列举几种常见的宴会类型。

1. 国宴

国宴是国家元首或政府首脑为国家庆典活动或为欢迎来访的外国元首、政府首脑而举行的正式宴会。这种宴会的规格最高，不仅有国家元首或政府首脑的主持，还有国家其他领导人和有关部门负责人及各界知名人士出席作陪，有时还会邀请各国使团的负责人等参加。国宴厅内要悬挂国旗，安排乐队演奏两国国歌及席间乐。国宴的礼仪隆重，要求严格，安排细致周密。

2. 正式宴会

正式宴会通常是政府或团体等有关部门为欢迎应邀来宾或来访的宾客为答谢主人而举行的宴会。正式宴会的礼仪要求也比较严格，宾主按排位就座，席间一般有致词、祝酒词，有时也安排乐队演奏席间乐。

3. 便宴

便宴属于非正式宴会，多用于招待熟识的亲朋好友，常见的有午宴、晚宴。这类宴会一般规模较小，不拘严格的礼仪，宾主之间随意、亲切，可以不排座位，不做正式祝词或祝酒，用餐标准可高可低。

4. 冷餐宴会

冷餐宴会是一种立餐形式的宴会，其菜肴的特点是以冷食为主，兼有热菜。有中式、西式或中西结合式的菜点，菜点提前摆在餐桌上供宾客自行取食。酒水饮料可摆放在饮料台上，也可由服务人员端送。冷餐宴会不排座位，宾主之间可以自由交谈。其消费可高可低，参加的人数可多可少，时间也较灵活。这种形式多为政府部门或企业、行业举行人数众多的盛大庆祝会、欢迎会、开业典礼等活动时采用。

5. 鸡尾酒会

鸡尾酒会也是一种立餐形式的宴会。不排座次，宾客来去自由，不受约束。鸡尾酒会以供应酒水为主，附有各种小吃，如炸薯片、小串烧、春卷、炸元宵等，由宾客自行取食。酒水可分置于酒台上，或由服务人员端送。鸡尾酒会的气氛轻松活泼、热烈和谐。

6. 茶话会

茶话会是一种经济简便、轻松活泼的招待形式，多为社会团体举行纪念和庆祝活动所采用。会上一般备有茶水、点心和多种风味小吃，所采用的茶叶、茶具要有地方特色。茶话会一般不设座次，但人们习惯将主人和主宾安排在一起，其他人则随意入座。席间常安排一些文艺节目。

7. 素席宴会

素席宴会又称斋席。素席以豆制品、蔬菜、植物油为主要原料，模仿荤菜菜品制作菜肴，甚至以荤菜菜名为其命名，营养丰富，别有风味。

8. 清真宴会

清真宴会是以牛、羊肉及蔬菜、植物油为主要原料，烹制各种符合伊斯兰教饮食习惯的菜品。对牲畜的宰杀、加工、制作均有严格的要求。

三、中餐宴会服务流程

中餐宴会的服务流程包括餐前准备工作、迎宾服务、就餐服务、餐后结束工作四个基本环节。

1. 餐前准备工作

（1）掌握情况。接到宴会通知单后，餐厅的管理人员和餐厅服务员都应做到"八知""三了解"。"八知"即知邀请对象，知宾主国籍等身份，知参加人数与安排的桌数，知宴会标准，知开餐时间，知菜式品种、烟酒茶果与出菜顺序，知主办单位或房号，知结账方式。"三了解"即了解宾客的风俗习惯，了解宾客的生活忌讳，了解宾客的特殊需求。如果是外宾，还应了解其宗教信仰、口味特点及特殊喜好。

对于规格较高的宴会，还要了解宴会的正式名称、宴会的目的和性质、对场景布置的要求、宴会的进程与接待要求等，以及其他一些细节，如是否发放请柬、纪念品，有无席位卡、VIP 客人、文艺表演，是否设工作餐等。

管理人员和餐厅服务员根据上述情况，分别从宴会的程序设计、场景设计、菜单设计、礼仪设计、台面设计和安全设计等方面做好宴会的组织工作。

（2）明确分工。召开有关宴会工作的会议，明确宴会的重要性，强调各项任务的要求及注意事项，宣布人员分工。

较大规模的宴会，要确定现场督导人员。餐厅服务员的分工主要依据宴会的规模、标准、要求等进行安排，一般设 1～2 名或多名迎宾员；主桌值台员视餐台人数而定，一般每 4～5 位客人设 1 名值台员；其他餐台每桌 1 名或 1～3 桌设 1 名值台员；每 2～4 桌设 1 名传菜员；机动人员 1～2 名。根据情况还可设贵宾室、衣帽间、洗手间及其他项目的服务人员。

（3）熟悉菜单。大型宴会会准备好餐单放置在每个餐位上，若有外宾，餐单最好有中英文对照。餐厅服务员除了要掌握上菜顺序，还要熟悉宴会菜单的菜式品种、风味特色或历史典故，每道菜的配菜、佐料及制作方法，以便向宾客做介绍。同时还要清楚每道菜的上菜、分菜方法，确保准确无误地为宾客服务。

（4）宴会布置。打扫餐厅卫生，并根据宴会的设计方案进行场景布置和台面布置。

（5）准备物品。根据宴会的标准和菜品准备餐具、用品。一般宴会需要准备餐碟、汤碗、汤勺、筷子、筷架、玻璃器皿等餐具酒具。同时还要准备其他物品，如餐巾、调味品、牙签、台卡、席位卡、公用餐具、骨碟、小汤碗等。考虑到临时加位或其他情况，应多准备10%～20%的餐具，分类摆放在备餐柜内，以便随时满足宾客的需要。还要准备好香巾、鲜花及特殊情况所需的服务用品。

（6）铺餐台。开餐前一小时，餐厅服务员需按照台面设计的要求将餐具整齐地摆放在餐桌上，台面需整洁卫生。

（7）摆放冷盘。大型宴会开餐前15分钟左右需摆好冷盘，撤掉冷盘上的保鲜膜，然后斟上烈性酒或葡萄酒；中小型宴会则视宾客的具体情况而定。

（8）全面检查。宴会开始前，各方面都要一一仔细检查，做到有备无患，以确保宴会顺利进行。如检查宾客的要求是否落实，人员的分工是否合理，餐厅服务员的仪容仪表是否规范，餐具用具是否备足，场地布置和摆台是否得当，环境卫生、餐具卫生是否达到标准，用具、调料是否备齐，各种电器及其他设备工作是否正常。

（9）进岗待宾。准备工作完成后，宴会的主管人员和迎宾员需提前站在宴会厅的门口准备迎宾，值台员站在各自负责的餐桌旁准备服务。

2. 迎宾服务

（1）宾客到达时，迎宾员要热情迎接、微笑问好。

（2）接挂衣帽。较大规模的宴会一般设有衣帽间，当看到宾客准备脱大衣时，应主动帮助宾客宽衣，并按要求将衣服挂好，及时妥善安排宾客随身携带的物品，贵重的物品需请宾客自行保管。重要宾客的衣物要挂在较明显的位置，以便准确地为其提供服务。

（3）端茶送巾。宾客步入休息厅后，餐厅服务员应主动拉椅请宾客入座，递上香巾和热茶，或向宾客介绍各类酒水，并按照宾客的要求帮其取回。递茶送巾服务时应按先宾后主、先女后男的顺序进行。

3. 就餐服务

（1）入席服务。宾客进入宴会厅时，值台员应面带微笑，为宾客拉开座椅。待宾客入座后，帮助宾客落餐巾、松筷套，同时把餐桌上的台号、席位卡、花瓶或工艺品等撤走。

主管人员应知悉宾客餐前是否致辞、致辞的人数及所需时间等，以便控制上菜的时间。在征得主办人同意后，立即通知备餐间准备启菜。

（2）斟酒服务。斟酒倒水时要先询问宾客的意见，根据宾客的要求进行斟倒。如果宾客不需要酒水，应将客位前的空杯撤走。

当宾客致辞时，餐厅服务员要停止一切活动，站立静候。大型宴会宾主致辞时，主桌值台员应用托盘准备好相应杯数的葡萄酒或烈性酒站立在一侧等候，待敬酒时及时送上。当宾客离席敬酒时，要帮其将座椅向后拉开；宾客就座时，帮其调整座椅位置。

（3）上菜服务。宴会上菜要严格按照上菜顺序进行，大型或重要宴会要由专人指挥、联络、控制，上菜要跟随主桌的进程或听从指挥，主桌上哪道菜，其余各桌跟随上哪道菜。上菜应做到行动统一，避免早上、迟上或多上、漏上。

同时，要掌握好上菜时机，按进餐节奏，每道菜都要趁热上，并正确地选择上菜位置。大型宴会每上一道菜都要报菜名、介绍菜品的风味特点。摆菜时要注意摆台，并且及时撤盘，保持台面的清洁美观。

普通宴会通常由主人自己分菜；高档宴会由餐厅服务员为宾客分汤、分菜。分菜时要胆大、心细，掌握好分量、数量，尽量准确、均匀。

（4）撤换餐碟。为了突出菜肴的风味特点，体现周到的服务，宴会中撤换餐碟应不少于三次，高档宴会要求每一道菜换一次餐碟，撤碟时应严格依照操作规范进行。

（5）席间服务。餐厅服务员要细心观察宾客的表情及示意动作，主动进行服务，要勤巡视、勤斟酒。待宾客用餐结束后，要随即送上热茶、香巾，收拾餐台上除酒杯、茶杯以外所有的餐具，然后上甜品、水果，并按顺序分给宾客。宾客用完水果后，餐厅服务员要再一次为宾客送上香巾，并在转盘上重新摆上鲜花，以示宴会结束。

4. 餐后结束工作

（1）热情送客。当主人宣布宴会结束时，餐厅服务员要提醒宾客带好个人物品，为主人、主宾拉椅、递送衣帽，帮助宾客穿衣，并与宾客礼貌道别。

（2）结账收款。宴会结束时，要清点酒水。未开瓶的酒水应退回酒水台，并办理好领退手续。付款多由宴会承办人具体负责。

（3）检查现场。宾客离席后，要检查宾客有无遗落物品，如有，应立即交还给宾客；若宾客已经离去，应交有关人员保管，由其与宴请单位或个人取得联系。

（4）收拾台面。为了不损坏餐具，收台工作应分工进行，分别收拾酒具、餐具、口布等。操作时要先收贵重物品，对贵重餐具需要进行清点。用过的口布、小毛巾、台布要抖净，扎叠整齐后送到布草房。餐具则送至洗涤间由专人洗涤、消毒。

（5）清理现场。打扫地面卫生，将餐桌、餐椅按规定摆放整齐。

（6）做好宴会记录。要记录宴会宾主的身份、参加人数、宴会标准、工作情况、宾客的意见及处理方法，以便今后把宴会工作做得更好。

（7）安全检查。完成一切收尾工作后，要熄灭厨房的火种，切断电源，关闭门窗，待全部项目检查合格后方可离开餐厅。

学习单元 3　自助餐服务

一、自助餐的形式及特点

1. 自助餐的形式

自助餐是指顾客就餐时，根据需要由自己动手取食菜品的一种用餐方式。自助餐有坐式和立式两种就餐形式，以前者居多。自助餐与冷餐宴会既有共同点，也有一定的区别。其共同点是：都是顾客自己从菜台取食菜品。不同之处是：自助餐厅的接待对象是散客，消费一般比零点餐厅低；而冷餐宴会的接待对象为宴会宾客，追求的是丰盛的菜品和热烈的气氛，往往消费较高。因此，自助餐主要适用于团队用餐和大型会议用餐。

2. 自助餐的特点

（1）就餐时不拘礼节，不受时间限制，顾客随来随吃。

（2）顾客自由取餐，能在短时间内品尝到喜爱的菜点。进餐速度快，餐位周转率高。

（3）菜品丰富，且布置精美。

（4）餐厅服务员只提供简单的服务，如添加菜品、饮料、撤盘、结账等，厨师也可以提前批量烹制菜点，为餐厅节省劳动力，降低成本。

二、自助餐服务流程

1. 餐前准备

（1）安排自助餐台。自助餐台也叫菜台、食品陈列台或食品台，既可以由一个主台和若干个小台组成，也可以单设一个完整的大台。自助餐台的安排形式有很多种：大型圆台一般置于餐厅的中间，长台多靠墙放，小型台或 1/4 圆形台一般摆在餐厅一角。自助餐台也可以根据场地拼接出各种新颖、别致、美观、流畅的台形，如扇形台、椭圆形台、S形台、半圆形台等。安排自助餐台需要考虑以下几个方面：

1）方便顾客取餐。台形的选择和安排要考虑进餐人数以及取餐时人流的走向，避免造成拥挤、碰撞。通常一个人拿取一种菜品时所占位置约30厘米。

2）自助餐台的大小。选择自助餐台大小时要考虑特定时间内供应菜品的数量和能接待的人数。

3）醒目独特。自助餐台应布置在餐厅显眼醒目的位置，台面上布置适当的装饰，如鲜花、雕刻品或其他艺术品。自助餐台上可设置聚光灯，切忌使用彩色灯光或彩色荧光灯，以免使菜肴变色，影响顾客的食欲。

（2）布置台面。自助餐台上应铺设台布，为了增加自助餐台的艺术效果，铺设台布后还可以围上台裙，若用缎带点缀，则更加美观。台裙的下垂部分距离地面5厘米左右，既要遮住桌腿，又不能拖地。台面的中央部位可用鲜花、果蔬雕刻品等进行装饰。将消毒后的餐具置于自助餐台靠近餐厅门口的最前端，要摆放整齐，不能叠放得太高。餐巾纸、消毒筷、餐勺、餐叉等分类整齐地摆放在餐具的前方。

（3）摆放餐桌。自助餐厅摆设餐桌的方法与零点餐厅相似，但餐椅的安排不能过密，因为就餐的顾客取食时需要经常在餐厅内走动。自助餐餐桌桌面的布置比较简单，一般只需铺台布、放调味品和鲜花即可。

（4）摆放食物。如果餐厅只设一个菜台，则冷菜、热菜、点心、水果要依次摆放，菜盘前放中英文菜牌，菜品与所配调味品要放在一起，取菜用的公用餐具可以摆放在每样菜品旁。酒水应整齐地码放在酒水台上。在菜点的选配上，要注重色、香、味、形、器的搭配和季节性，并用不同的摆放形式烘托喜庆等不同的气氛。

需要注意的是，台面上摆放的所有物品都不可超出桌边，一般距桌边5厘米左右。热菜必须用保温锅保温。如果有两个以上自助餐台，则可将菜点分台摆放，如甜品台、水果台、临时酒吧或切割烧烤肉类服务桌等。

2. 就餐服务

（1）热情迎宾。当顾客步入餐厅时，餐厅服务员要有礼貌地表示欢迎，主动为顾客介绍菜点的名称、风味特色，并为其递送餐盘。当顾客需要取热菜时，要帮其揭开保温锅盖，或分切大块烤肉等。

（2）整理自助餐台。顾客取餐后，餐厅服务员要及时整理自助餐台。菜品的盛器不能见底，一般少于1/3时就要及时补充，要始终保持菜点丰盛、台面整洁美观。整理自助餐台时应背对顾客操作，以免影响顾客进餐。

（3）餐间服务。顾客走到餐桌时，餐厅服务员要主动问候，帮其拉椅让座，询问顾客的要求，及时撤掉顾客用过的餐具、用具，保持台面干净整洁。

3. 结账收款、热情送客

自助餐厅的收费方式有两种：一种是每客位价，菜点、酒水不限量，但不能浪费；另一种是餐后结账，顾客自由选择菜点和酒水后，用托盘端到收银处付款，然后端到桌旁进餐。待顾客用餐结束后，餐厅服务员要主动征询顾客的意见或建议，并与顾客礼貌道别。

4. 餐后结束工作

（1）要将可回收利用的食物整理好，撤回厨房，并用保鲜膜封好放入冰箱。

（2）清理自助餐台时要动作迅速，操作时要注意卫生，不要将汤汁、菜肴洒在台面上，同时要注意关闭保温锅电源。

培训课程 2

西餐服务

学习单元 1　西餐零点服务

一、西餐零点服务的概念和特点

1. 西餐零点服务的概念

西餐零点服务是指在西餐厅内为零散用餐的顾客供应餐食，并为之提供相应的服务。

2. 西餐零点服务的特点

（1）顾客依据菜单订餐。顾客享用零点服务时，要先依据菜单来选择所需的菜品，然后经过餐厅服务员下单、厨师烹饪、餐厅服务员上菜等程序，为顾客提供用餐服务。

（2）注重质量标准，以获得稳定的客源。零点西餐厅必须严格遵循服务操作流程，注重质量标准，确保供应食物的质量。所有的操作程序与标准，都必须以顾客的需要为依据。西餐零点服务的目的就是要最大限度地满足顾客的各种需求，让顾客再次光顾，使餐厅能够获得稳定的客源。

（3）时间性强。西餐零点服务的时间主要集中在早、午、晚三个时段，这三个时段的顾客流动率（也叫翻台率）很高，因此，要求餐厅服务员要根据顾客的用餐时间特点，做好相应的服务工作。

二、西餐零点服务流程

西餐零点服务流程应根据餐厅的服务风格确定具体内容，但其基本流程应包括以下几个方面。

1. 预订服务

预订方式有电话预订和现场预订两种方式。无论哪种预订方式，餐厅服务员都应能熟练地回答顾客的问题，积极向顾客提出就餐建议，并准确记录顾客姓名、用餐时间、用餐人数及特殊要求等。

2. 迎宾服务

（1）迎宾领位。顾客来到餐厅后，餐厅服务员应热情地问候顾客。若是常客，应道出顾客的姓名，然后确认预订信息，引领顾客前往座位。引领顾客时，餐厅服务员应走在客人侧前方，与顾客保持一定的距离，来到餐桌前，协助顾客入座。

（2）递送菜单。餐厅服务员应按顾客用餐人数呈送相应数量的菜单。递送菜单时，餐厅服务员应打开菜单翻至第一页，按先宾后主、女士优先的原则，依次将菜单送至顾客手中，同时用礼貌的语气对顾客说："先生／女士，请看菜单。"

3. 餐前服务

顾客看菜单时，餐厅服务员应向顾客征询是否需要提供餐前酒、鸡尾酒服务，并准确记录顾客的需求。端送餐前酒时，应用托盘从顾客右侧将餐前酒放置于餐桌上。服务餐前酒后，应撤除多余的餐具，并从顾客的左侧送上新鲜面包和冷冻黄油。

4. 餐中服务

（1）接受点菜。餐厅服务员应向顾客介绍菜单内容，帮助顾客选择菜品，对顾客的特殊要求给予积极回复，准确记录顾客所订菜品，并重述订单以确认。

若有牛排、羊排等菜品，应询问顾客的喜好。常见的牛排的熟度有全熟、八成熟、五成熟和三成熟。若有蔬菜沙拉，应询问顾客配哪种沙拉汁。蔬菜沙拉汁有千岛汁、法式汁、油醋汁和奶酪沙拉汁等。

点菜完成后，餐厅服务员要将订单和顾客对菜品的特殊要求送交厨房。

（2）酒水服务。顾客点完菜品后，餐厅服务员要主动为顾客推荐与所订菜品相适合的葡萄酒，并提供葡萄酒的展示、开启、品评酒质、斟酒等服务。

（3）摆换餐具。餐厅服务员要根据顾客所点菜品摆放餐具，按每位顾客所点菜品上菜的先后顺序，将餐具由外向内摆放。

（4）上菜服务。上菜时，应确保将菜品准确地提供给每位顾客。

1）面包、黄油。餐厅服务员必须使用干净的面包篮和黄油碟为顾客提供新鲜的热面包和冷冻黄油。

2）头盘。头盘有冷、热之分，应注意使用相应温度的餐盘盛放。上菜时应以女士和贵宾为先，从顾客的右侧上菜；同一餐台的顾客，应在同一时间内，按顾客所点内容，将其准确地分别送给每位顾客。

顾客全部放下餐具后，应询问顾客是否可以撤盘，得到顾客允许后，从顾客的右侧将餐盘和刀、叉一起撤下。上菜不可有断档，因此，应在顾客开始享用头盘数分钟后，请厨师制作下一道菜。

3）汤。汤盘应配垫盘。餐厅服务员需小心地把汤放在每位顾客的面前，并准确报出汤的名称。顾客用完汤后，应征得顾客同意，从顾客右侧将汤盘连同垫盘和汤勺一同撤下。

4）主菜。上主菜前，应为顾客提供相应的餐中服务。如按顾客需要为顾客添加面包、黄油和酒水。

餐厅服务员要准确地按点单顺序为顾客上主菜，不可再次询问顾客。上菜时用右手拇指根部卡住盘边，按先宾后主的顺序，从顾客右侧上菜。如餐盘过热，应提醒顾客注意。所提供的各种配汁、配菜及调料，应在容器底部垫花纸垫。待顾客全部放下刀、叉，征得顾客同意后，将餐盘和主刀、叉从顾客右侧撤下。

5）甜品。顾客用完主菜后，应为顾客提供甜品菜单供其选择。顾客点完甜品后，从顾客右侧为其摆上甜品叉、勺，叉在左侧，勺在右侧。上甜品时，应从顾客右侧用右手从托盘中取出甜品，将甜品摆在餐桌的正中，并告诉顾客甜品的名称。

6）咖啡或茶。为顾客上咖啡或茶时，应先将糖盅、奶罐摆放在餐桌上。糖必须保证新鲜、无结块，糖量为糖盅容量的4/5。奶罐内应注入新鲜的冷冻淡奶，如顾客要求用鲜奶，则应为顾客提供。咖啡用具要配套使用，咖啡碟上摆咖啡杯，杯柄朝右侧，咖啡勺斜放于咖啡杯右侧。如顾客只喝咖啡或茶，杯具应放于顾客正前方；如顾客同时食用甜品，杯具应放于顾客右手一侧。咖啡要新鲜，使用的咖啡壶也要干净、无破损。服务时用右手从客人右侧按顺时针方向进行，女士优先，先宾后主。咖啡或茶倒至杯具3/4处即可。

5. 餐后服务

餐厅服务员应用适当的方式把账单送给顾客，并按服务程序请顾客结账。结账时应真诚地感谢顾客的惠顾。当顾客准备离开餐厅时，应协助顾客挪开座椅，并表示欢迎其再次光临。

学习单元2　西餐宴会服务

一、西餐宴会的概念

西餐宴会是指使用刀、叉等西式餐具，采用西式摆台，提供西式菜肴，按西餐礼仪提供西式服务的宴会。

二、西餐宴会服务流程

1. 餐前准备工作

（1）掌握情况。接到宴会通知单后，应根据宴会通知单的内容如宴请单位、宴请对象、餐别、时间、人数、规格标准、顾客特殊要求、饮食习惯和禁忌等，做好准备工作。对规格高、规模大的重要宴会，要确定宴会的总指挥，负责宴会场地布置和服务区域的分配，并进行人员分工。宴会服务人员应了解宴会通知单的内容及相关内容，如宴会菜单内容，每道菜品名称和风味特点，主料、配料和烹制方法，上菜次序，宴会服务所用餐具、用具，宴会所用酒水品种和数量等。

（2）菜品、酒水、餐具及用品准备。

制订宴会菜单时，应根据宴会标准和参宴人数及预订者的特殊要求，确定菜品和用料数量，同时，还应注意推出餐厅的特色餐饮产品。

确定菜单后，应根据菜品和数量，对所需的主料、配料、调料和酒水进行粗加工、切配，并准备面点。

应根据宴会规格和菜品准备餐具和用品。餐具应做到无水迹、无油迹、无指纹、无破损，且配套、数量充足；用品也需符合宴会的要求。

（3）主题创意和台形设计。

西餐宴会的主题要体现宴请者举行宴会的目的。可通过环境布置、场面气氛控制、时间节奏掌握、音乐烘托、餐桌摆放、台面布置、服务人员服饰、菜品名称、餐具配备、口布花折叠等手段，体现宴会的主题。

台形设计是表现宴会主题的重要内容。西餐宴会多使用长桌，台形根据出席宴会的人数可设计成一字形、品字形、V字形、山字形、工字形、T字形等。高级宴会桌上须有花台装饰。大型宴会主桌应正对入口处，主人席位面对从席。主人席位应在主桌上方的正中，其右侧为主宾席，左侧为副主宾席或主宾席。副主人席安排在主人席位正对面，其他宾客按身份从右至左依次安排席位。

此外，需要根据宴会类型、规模，确定工作台数量、位置，并布置好工作台。

（4）台面布置。开餐前要把开胃菜摆放到餐桌上，一般每人一盘；或将开胃菜集中摆到餐桌上，由顾客自取或由餐厅服务员分派。摆放时应考虑荤素、颜色、口味的搭配，盘与盘之间留有一定距离。宴会厅经理在重要宴会开宴前要做全面巡视、检查，并召开班前会，重申宴会服务事宜，强调注意事项，检查服务人员仪容仪表。准备工作就绪后，餐厅服务员前往各自岗位等候顾客。

2. 迎宾服务

有礼貌地热情接待来宾，同时引领顾客到休息室休息，并为顾客送上餐前饮料及餐前酒。若顾客为坐饮，需在其面前送上杯垫，再放上饮品；若顾客为立饮，要为其送上餐纸，再送饮品。当顾客到齐后，主人表示可以入席时，餐厅服务员要立即打开通往宴会厅的门，引领顾客入席。入席时，要为顾客拉椅让座，顺序为女士、重要的顾客、行动不便的顾客和一般顾客。待顾客入座后，为顾客打开餐巾，然后托着装有各种饮品的托盘，逐一为顾客进行介绍，待顾客选定后，为其斟饮品。

3. 就餐服务

（1）开胃菜。当顾客准备用开胃菜时，餐厅服务员应配好相应的酒水（如冷菜一般与烈性酒相配），待顾客基本都用完开胃菜时可撤盘（看到全体顾客都放下刀叉时开始撤），从主宾的位置开始撤，在顾客的右侧用右手将餐盘和刀叉一并撤下。

（2）汤。上汤时，汤盘下应加垫盘，从顾客的右侧把汤端到其面前。上汤的顺序是先宾后主，先女士后男士。上菜、斟酒顺序亦然。

（3）主菜、沙拉。上主菜前，应先撤下汤盘和汤匙，并为顾客斟好葡萄酒，然后再上菜。上主菜（又称大菜）时，一般配有几样蔬菜和沙司，此外还有沙拉，盛沙拉应用生菜盘（也可以用小吃盘）。

（4）甜品。吃甜品用的餐具要根据甜品的品种而定：热甜品一般用点心匙和中叉；烩水果用茶匙；冰激凌应使用专用的冰激凌匙，将其放在垫盘内，与冰激凌同时端上桌。吃甜品时，若主人讲话，应上香槟酒，香槟酒一定要在上甜品或顾客讲话之前全部斟好，以方便顾客举杯祝酒。

（5）干酪、水果。干酪也叫芝士，一般由餐厅服务员分派，用一只银盘垫上餐巾，摆上几种干酪供顾客选择，同时撤掉餐台上的餐具、酒具，保留水杯和饮料。

上水果时，先上水果盘和洗手碗，然后将已装盘的水果端至顾客面前，请顾客自行选用。顾客食用水果后，应送上香巾，按顾客人数将香巾放在小垫碟中，每人一碟，放在顾客左侧。

宴会席面服务基本结束，当主人请大家到休息室休息时，餐厅服务员应立即上前为顾客拉椅，再去打开休息室的门请顾客到休息室就座。

4. 宴会休息室服务和结束工作

（1）餐后饮料服务。顾客用餐完毕，餐厅服务员引领其到休息室休息。顾客就座后，餐厅服务员应将已斟倒好的咖啡垫上垫碟，放好咖啡匙，用托盘送到顾客面前；由另一餐厅服务员跟送糖、奶。

上咖啡后，餐厅服务员按照宴会的要求，接着托上各种餐后酒、巧克力和雪茄烟，稍后为顾客续斟一次咖啡和酒品，最后撤走咖啡具，再上一次饮料，表示宴会至此结束。

（2）送客。顾客离开餐厅时，餐厅服务员应站立在出口一侧，热情送客，欢迎顾客下次光临。

（3）结束工作。送别顾客后，餐厅服务员应先检查台面、地面有无遗留物品，有无燃着的烟头等，然后按顺序收拾餐桌、整理餐厅和休息室。

学习单元 3　咖啡厅服务

一、咖啡厅的概念

咖啡厅是指以提供咖啡及其他热饮为主的服务场所，主要提供咖啡、茶饮和轻食甜点。咖啡厅是人们社交活动的首选地，成为人们集会、交谈、娱乐和休闲的主要场所。

二、咖啡厅服务流程

1. 餐前准备工作

（1）餐厅服务员应准时到岗，参加班前会，接受领班和经理对当天工作的安排和布置。

（2）餐厅服务员进岗后，做定位摆台，如有顾客提前预订，应按要求摆台。

（3）清理地面卫生和室内死角及所属物品表面卫生，做到地面无垃圾、无油垢、无水迹、无烟头。每餐都需清扫一遍。

（4）检查台面和餐具有无破损、水迹、油迹、污迹，保持台面干净整齐。

（5）由领班领用餐中可能用到的一次性物品，分配后需注意妥善保管，并码放整齐。

（6）安点立岗定位，准备迎客。

2. 迎宾服务

当迎宾员将顾客领到所管区域时，餐厅服务员应微笑点头问好，并为其拉椅让座。根据顾客人数添减餐具，为顾客递上餐单后为顾客倒茶水，同时询问顾客是否点餐，如点餐可进行适当推荐，如不点餐应示意顾客有事召唤。

3. 就餐服务

（1）点餐。翻开餐单，请顾客阅览，同时介绍特色餐饮等。记录顾客所点餐点，并在顾客点餐后复述一遍，以确认记录无误。

（2）餐中服务。及时为顾客送上所点餐饮。巡视自己所管区域内顾客的用餐情况，及时补充顾客所需，清理台面。餐厅服务员有事暂时离开工作区域时，一定要向邻区的餐厅服务员寻求帮助，不要长时间离岗。

4. 餐后服务

（1）结账。

1）顾客示意结账时，餐厅服务员应及时到吧台结算。如遇顾客亲自到吧台结账，餐厅服务员应跟随，帮其核对账单，确保准确无误。

2）问清付款人，报清所消费的金额，双手递上账单，请顾客过目。顾客在看账单时如发现疑问，餐厅服务员应马上核实，并耐心做好解释工作。

3）顾客离座时餐厅服务员应为其拉座椅，提示顾客带好随身携带的物品，并致欢送辞。

（2）收台。清理台面垃圾，擦净桌椅，及时摆台以便接待下一位顾客。

学习单元4 酒吧服务

一、酒吧的概念

酒吧以销售酒类和饮料为主，兼营各种佐酒小食，是顾客谈生意、聊天、消遣娱乐的场所。在饭店内，为满足顾客的不同需求，通常会在不同区域设有酒吧。

二、酒吧的种类及特点

在饭店内，除一个主酒吧外，在大堂可设流动酒吧，方便大堂顾客使用；在饭店顶楼可设高空酒吧，让顾客欣赏风景；在游泳池旁、花园里可设小型酒吧，以满足顾客的需要。此外，还可在客房设客房小酒吧服务，在中西宴会厅设宴会酒吧服务。无论酒吧设在什么区域，都要求环境清静舒适、高雅别致，给顾客以舒适、优美的感觉。

酒吧按其服务性质，可分为内部供应酒吧、外部服务性酒吧和综合性酒吧。

1. 内部供应酒吧

内部供应酒吧也称宴会酒吧，主要设在中西餐厅内，宾客不直接在吧台上点酒，而是通过餐厅服务员点酒后，由调酒师配酒。服务的对象主要是在餐厅就餐的顾客，供应的酒类以佐餐酒居多。这种酒吧要求服务人员要懂得各种酒类的有关知识，能准确提供与各类酒水相适宜的酒具和服务。

2. 外部服务性酒吧

外部服务性酒吧是常见的吧台酒吧，顾客通常会坐在吧台前的高椅上，调酒师站在里边直接面对顾客操作，供应的酒类以烈性酒、鸡尾酒和混合饮品为主。这种酒吧能让顾客对酒吧柜台的"内幕"一目了然，也能清楚地看到饮品是如何调配而成的。因此，调酒师要有良好的仪容仪表，和蔼的服务态度，娴熟的调酒技术，且具有招待顾客的能力。

3. 综合性酒吧

综合性酒吧是指设在咖啡厅、舞厅等场所内的酒吧。综合性酒吧除了供应各种酒类，还供应各种冷热饮品，要求调酒师要懂得各种酒类的服务、鸡尾酒的调配、冷热饮品的调制等相关知识。

三、酒吧服务流程

1. 营业前的准备工作

（1）营业前，餐厅服务员应根据每天酒类及饮品的销售情况，到仓库领取当天需要的酒类和物品。领取后须先将表面清洁干净，然后按规定的位置摆放整齐，部分酒类和饮料应分类存入冷藏柜备用。

（2）检查冷藏柜的温度，不能过高也不能过低。查看已开封的奶油、番茄汁、橙汁等是否新鲜，查看各种酒瓶的排列是否符合规定。

（3）将所有调酒用具、盛具等清洗干净，并按固定位置摆放好；备足各种酒杯，若有破损应立即更换，酒杯如需冷藏或加热，要事先做好处理；准备好杯垫、吸管、冰块及洗擦酒杯的洁净剂和毛巾。

（4）准备调酒用的配料，如鲜橙汁、柠檬汁等，并要放入冰柜；切好橙片、柠檬片备用；糖盅装满糖粉，盐瓶装满精盐等。

（5）做好酒吧间的清扫和整理，摆放好酒牌，准备好点酒水用的设备或笔，做好一切营业前的准备工作。

2. 送酒服务

酒吧开始营业时，餐厅服务员应保持良好的仪表，微笑迎客。安排顾客就座后，向其递送酒水单，并介绍新品。记录顾客所点饮品后要先向其复述一遍，避免发生差错，然后到吧台将订单交给调酒师制作。

为顾客上饮品时，应用托盘端送，并从顾客右侧送上，有女宾的先为女宾送上。摆放时，先放杯垫后放饮品。操作时一定要轻拿轻放，并注意手指不能触摸杯口，要拿杯子的下半部或杯脚。

3. 调酒服务

顾客到吧台前，调酒师应主动热情服务，并根据顾客的要求斟倒或调制各种饮品。操作时，一般不背向顾客，转身取背后的酒瓶时，也要侧着身子取。操作要注意卫生，随时清洁调酒壶、调酒杯、滤网、调酒匙、搅拌棒等用品。

摇晃调酒的动作不要过大或做作，各种动作应恰到好处。从调酒壶或调酒杯中倒饮品时，坐在吧台前的顾客应为其倒满一杯，席座的顾客可为其倒八成满。若要倒多杯饮品，应先将酒杯整齐排列在吧台上，先由左至右，再由右至左反复斟倒，使各杯的酒水浓度均匀。

4. 结账服务

顾客表示要结账时，应尽快为顾客办理，并欢迎顾客下次光临。

对情绪激动或醉酒的顾客，结账时要与其讲清楚，如顾客有同伴相陪，也要让其同伴知晓，避免发生纠纷。

5. 结束工作

营业结束后，要将剩余的酒水清点清楚，登记在册，并放入酒柜存好；奶油、水果、鸡蛋等放入冷藏柜存放，以免变质造成浪费；各种调酒用具、器具、盛具、杯具、装饰品等清洗干净后入柜锁好。根据销售的情况和剩余物品的数量，开列领料通知单。报废和意外损耗的酒水要由经理确认后才能做相关处理。

做好吧台内外和地面的卫生，清洗台椅；检查各用电设备，确认安全无隐患；锁好酒柜、酒库、吧门，关好灯，才可离开。

职业模块 5
菜品及酒水知识

培训课程 1

烹饪原料及其营养价值

学习单元 1　烹饪原料

一、烹饪原料的概念

烹饪原料是指符合饮食要求并能满足人体营养需要的、可供烹饪加工的、具有一定食用价值的物质材料。烹饪原料是烹饪的物质基础，其品质的好坏主要取决于烹饪原料食用价值的高低和加工性能的好坏。其中，食用价值的高低起决定性的作用，主要取决于原料的安全性、营养性和适口性三个方面。

1. 安全性

安全性是指由某种原料加工而成的菜肴被食用以后应对人体无害。有些动植物虽具有营养价值且具有良好的口感和口味，但含有有害物质，故不能用作烹饪原料；有些原料因储存保管不当而失去安全性，故不能用作烹饪原料，如死螃蟹、死甲鱼等；另外，受化学物质污染的原料也不能用作烹饪原料。

2. 营养性

营养性是指烹饪原料中所含营养物质的多少。烹饪原料中营养物质含量的高低是决定烹饪原料食用价值的一个重要因素。绝大多数的烹饪原料或多或少地含有糖类、蛋白质、脂类、维生素、矿物质和水这六大类营养素。但在不同的烹饪原料中，各类营养素的组成及比例差别较大。例如，谷类原料中含淀粉较多，蔬果类原料中含维生素和矿物质较多，水产类原料中含蛋白质较多。营养价值越高的烹饪原料，其食用价值也越高。

3. 适口性

适口性是指烹饪原料的口感和口味，它也是影响烹饪原料食用价值高低的因素之一。烹饪原料的适口性越好，其烹制出的菜肴价值也越高。

二、烹饪原料的分类

烹饪原料的分类是指按照一定的标准，将烹饪原料进行归类。烹饪原料可按来源属性分类（见表5-1）、按加工与否分类（见表5-2）、按烹饪运用分类（见表5-3）、按商品种类分类（见表5-4）。

表5-1　按来源属性分类

类别	范围
植物性原料	如粮食、蔬菜、果品等
动物性原料	如家畜、家禽、水产品等
矿物性原料	如食盐、碱等
人工合成原料	如人工合成色素、人工合成香精等

表5-2　按加工与否分类

类别	范围
鲜活原料	如蔬菜、水果、鲜鱼、鲜肉等
干货原料	如干菜、干果等
复制品原料	如香肠等

表5-3　按烹饪运用分类

类别	范围
主配料	指一道菜肴的主要原料及配料，是构成菜肴的主体，也是人们食用的主要对象
调味料	指在菜肴中起调味作用的原料。如盐、酱油、白糖、黄酒、醋等
佐助料	指在烹制菜肴过程中使用的帮助菜肴成熟、成形、着色的原料。如食用油脂、淀粉等

表 5-4　按商品种类分类

类别	范围
粮食	如大米、面粉、玉米等
蔬菜	如萝卜、青菜、番茄等
果品	如各种鲜果、干果等
肉类及肉制品	如猪肉、鸡肉、火腿、香肠等
水产品	如鱼类、虾蟹类、贝类等
干货制品	如干海参、干贝、干菜等

三、烹饪原料的特性

烹饪原料都具有一定的特性，了解烹饪原料的特性有助于合理使用烹饪原料。

1. 粮食类原料的特性

粮食类原料是指用于加工制作各种主食的原料的总称。粮食主要供给人体每天所需的能量，同时也是人体所需矿物质、B 族维生素的重要来源。通常把粮食类原料分为三大类：谷类、豆类和薯类。

（1）谷类原料特性。谷类的蛋白质含量一般在 7%～15%，常作为主食。人体每天摄入量较大，故为人体提供蛋白质的总量较高，可占到 30% 以上，但因加工的成品粮中赖氨酸含量较低，所以蛋白质质量并不高。谷类所含的营养素中含量最高的是碳水化合物，占 70% 左右，其主要成分是淀粉。

（2）豆类原料特性。豆类的营养成分丰富，是优质蛋白质的来源，同时还含有丰富的碳水化合物、脂肪、维生素和矿物质。

大豆的蛋白质含量为 40% 左右，是一般谷类的 3～5 倍，且高于绝大多数禽畜肉类；大豆中含有的碳水化合物约为 25%；脂肪含量约为 20%，其中大多数为不饱和脂肪酸；B 族维生素和钙、磷、铁等矿物质含量明显高于谷类，但人体对大豆中所含的钙、铁的吸收率并不高。

豌豆、绿豆、黑豆等杂豆的营养素组成和含量与大豆有很大区别。从整体上来看，杂豆的蛋白质含量比大豆低，约为 25%；碳水化合物的含量比大豆要高，为 50%～60%；脂肪含量较低，约为 1%；维生素与矿物质含量与大豆接近。

（3）薯类原料特性。薯类的淀粉和膳食纤维含量较高，可促进胃肠蠕动，防止便秘；蛋白质含量较低，儿童不适宜长期过多食用，会影响发育。此外，甘薯和马铃薯的维生素与矿物质含量较高。

2. 蔬菜原料的特性

蔬菜是植物性原料中品种较多的一类，也是烹饪原料中消费量较大的一类。目前，世界上蔬菜的种类（包括野生和半野生）共有200多种，普遍栽培的有60多种。根据蔬菜的主要食用部位进行分类，可将蔬菜分为根菜类，如胡萝卜、青萝卜等；茎菜类，如莲藕、山药等；叶菜类，如菠菜、芹菜等；花菜类，如西蓝花等；果菜类，如番茄、荷兰豆、四季豆、丝瓜等。

蔬菜原料在菜肴的制作中，既可作主料，也可作辅料（配料），有的还可作调味品。蔬菜可与各种肉类搭配，烹制出多种菜肴，可均衡营养成分，同时有利于人体对食物的消化吸收，而且蔬菜中还含有多种呈现色、香、味的化学成分，能解腻增香，使菜肴色鲜味美。

3. 果品类原料的特性

（1）鲜果类原料特性。鲜果类的营养成分与蔬菜类比较接近，大多含有多种维生素和矿物质，特别是维生素C的含量较高；鲜果中多含单糖，易被人体吸收；含有丰富的有机酸，能刺激消化液分泌，有助于消化。鲜果通常为碱性食物，对维持体内的酸碱平衡有重要的意义；而其富含的膳食纤维，尤其是可溶性膳食纤维，可促进排便。

（2）干果类原料特性。干果类原料大多含有丰富的蛋白质、脂肪或淀粉，以及矿物质。干果干制的过程对原料中维生素尤其是维生素C的破坏比较严重。部分坚果含有较多的硫胺素和核黄素，对于促进人体生长发育、维持正常生理代谢有着极其重要的作用。干果中的脂肪主要以不饱和脂肪酸为主，质量较好，有助于降低血液中的胆固醇含量，从而起到预防冠心病的作用。

（3）果品制品特性。果品制品一般是经过干制、煮制或腌渍而制成的。由于在加工过程中维生素损失率较高，故果品制品大多具有热量高，维生素、矿物质、膳食纤维含量低，营养价值不高等特点。

4. 畜类原料的特性

畜类原料是指以猪、牛、羊等畜类动物的肌肉、内脏及其制品为主要食用对象的一类原料，是人们日常食用的主要动物性原料。畜肉和部分内脏是优质膳食蛋白的良好来源之一，其蛋白质含量为10%～20%，且质量较高。畜类原料的脂肪含量为10%～30%，肥肉则高达90%。畜类原料中维生素含量较多的部位主要是肝脏、肾脏等内脏；矿物质含量为0.8%～1.2%，其中瘦肉比肥肉的矿物质含量高。畜肉中的锌、硒、镁等微量元素比较丰富，也是磷、铁的良好来源之一。畜类原料中的碳水化合物极少，主要形式为糖原，肌肉和肝脏是糖原的主要储存部位。此外，畜肉中含有一些含氮浸出物，是肉汤鲜味的主要成分。

5. 禽类原料的特性

禽类原料是指人工饲养且国家允许食用的家禽及鸟类的肉、蛋、副产品及其制品的总称。目前，我国饲养的家禽主要有鸡、鸭、鹅、鸽子、鹌鹑、火鸡等。

禽肉的蛋白质含量比畜肉略高，可达 20% 以上，属于完全蛋白质。禽类的结缔组织含量相对于畜类来说较少，因而肉质细嫩，易被人体消化吸收，且营养价值较高。禽类的肝脏中富含维生素 A、维生素 D，肉中维生素 E 含量也比较高。禽类原料抗氧化的作用比畜类要好，在 -18 ℃ 冷藏条件下，可保存一年左右。

6. 水产类原料的特性

水产类原料是指可食用的水生动植物原料的总称。主要包括鱼类、虾蟹类和软体类。

（1）鱼类。根据鱼的生长环境可将鱼类分为淡水鱼和海水鱼两大类。鱼类的营养丰富，含有大量的优质蛋白质、矿物质、维生素等。海水鱼含大量易被人体吸收的钙、碘等微量元素，蛋白质的含量为 15%～20%，并且易被人体消化吸收，吸收率可达 96%。鱼肉肉质柔软；脂肪含量不高，为 1%～10%；糖类物质含量也较少，为 1%～5%；矿物质含量较丰富，为 1%～2%；含多种维生素，其中维生素 A 含量较多。鱼类原料由于品种繁多、味道鲜美、营养丰富、质地细嫩，深受人们的喜爱，适合多种烹调加工方法。

（2）虾蟹类。虾类体长，腹部发达，末端有尾扇，如九节虾、龙虾、明虾等。蟹类体短，腹部扁平，紧贴于头胸部下面，有螯和步足，如河蟹、梭子蟹、青蟹等。虾、蟹的营养丰富，如对虾的蛋白质含量约为 20%、脂肪含量约为 0.7%，还含有较丰富的钙、磷、铁及少量的维生素；海蟹的蛋白质含量约为 14%，还含有较丰富的脂肪、钙、磷、铁及维生素 A。

虾肉的肉质滑嫩，味道鲜美，烹饪中可以白灼、蒸、盐焗、炸、干烧等，可制作盐水虾、盐焗大虾、干烧大虾、龙虾刺身等菜肴。蟹肉的肉质鲜美、细嫩，雌蟹的蟹黄和雄蟹的脂膏更是鲜香滑嫩，常采用清蒸、焗、炒等烹调方法，可制作蒸螃蟹、姜葱焗蟹、香辣蟹等菜肴。

（3）软体类。软体类水产原料主要分为腹足类、瓣腮类和头足类三类。常见的腹足类原料主要有香螺、鲍鱼、蜗牛等，瓣鳃类原料主要有牡蛎、蛤蜊、蛏子、扇贝、江珧贝、河蚌等，头足类原料主要有乌贼、鱿鱼、章鱼等。软体类水产原料的营养丰富，蛋白质含量较多并且含有丰富的矿物质、维生素等，多采用蒸、氽、炒等烹调方法，可制作蒜蓉蒸扇贝、炒田螺、爆鱿鱼卷等菜肴。

7. 调味品原料的特性

调味品原料在菜肴中起着定味、上色、去除异味、杀菌防腐等作用，是烹饪原料中非常重要的一个组成部分。调味品原料种类较多，通常分为咸味调味品、甜味调味品、酸味调味品、麻辣味调味品、鲜味调味品和香味调味等。

调味品原料的用量虽少，但作用却非常重要。在烹调过程中，调味品原料最主要的作用是调节味感，它可以增加菜肴的味道并除去原料中的部分异味。此外，调味品原料还能起到调节菜肴色泽、增加菜肴营养、丰富菜肴口感、延长原料保存期及杀菌等作用。

8. 加工性原料的特性

加工性原料是指以鲜活的动植物原料为基础，经腌制、腊制、泡制等方法加工后的制品。这类原料具有耐储藏、易保管、不受时间限制的特点，因此，在烹饪中的运用较广泛。常用的加工性原料主要有干货原料和腌腊制品原料两大类。

（1）干货原料的特性。干货原料是将鲜活的动植物原料经过脱水干制而成的原料，主要包括动物性干货原料和植物性干货原料。干货原料与鲜活原料相比，所含的营养成分种类基本保持不变，但含水量较少，具有干、老、硬、韧等特性。如笋干、干豆角、干海参、干贝等。

大多数干货原料都需要经过适当的涨发后才能用于菜肴制作。烹饪时既可作为菜肴主料，又可作为菜肴的辅料，有些干货原料还可用作菜肴的调味料。

（2）腌腊制品原料的特性。腌腊制品原料是将动植物原料经腌制、熏制、渍制、泡制等方法加工而成的半成品，包括动物原料腌腊制品和植物原料腌渍制品。动物原料腌腊制品有火腿、腌肉、腊肉等，植物原料腌渍制品有泡菜、榨菜、咸菜、酱菜、梅干菜等。

腌腊制品在加工过程中往往会添加食盐，大多口味较重。烹饪时既可作为主料制成多种菜肴，也可与其他原料组配成菜，形成风味独特的菜肴。

学习单元 2　烹饪原料的营养价值

一、人体必需的营养素

营养素是指食物中具有营养的物质，包括蛋白质、脂类、碳水化合物、维生素、矿物质、水等。

1. 蛋白质

蛋白质是一类高分子有机化合物，主要由碳、氢、氧和氮组成，还含有硫、碘及某些金属元素，如锌、铁、锰、铜等。

（1）蛋白质的生理功能。蛋白质是构成人体组织、器官的重要成分，人体的生长、发育、组织更新、疾病和创伤后组织细胞的修复等，都离不开蛋白质。人体每天从食物中摄入一定数量的蛋白质用于构成和修补机体组织，以维持机体的健康状态。正常人体内有16%～19%的蛋白质，每天约有3%的蛋白质被更新。

（2）蛋白质的供给量与食物来源。蛋白质广泛存在于各种动植物性食物中。动物性食物如各种肉类、奶类、蛋类等，不仅蛋白质含量丰富，而且所含的蛋白质必需氨基酸种类齐全，属于完全蛋白质。植物性食物中的大豆及其制品，蛋白质含量高，必需氨基酸种类齐全，可以媲美动物性食物中的蛋白质，也是优质蛋白质的来源。优质蛋白质是指食物蛋白质的氨基酸模式接近人体蛋白质的氨基酸模式，这种蛋白质容易被人体吸收利用。其他如坚果中的花生、核桃等，蛋白质含量和质量也较高。

人体对蛋白质的需要量受诸多因素的影响，包括年龄、体重、生理状态和能量消耗水平。我国居民膳食以植物性食物为主，按能量计算，蛋白质摄入量应占到膳食总能量的10%～15%。

2. 脂类

脂类包括脂肪和类脂。前者也可称为中性脂肪即甘油三酯，后者主要有磷脂、糖脂和固醇及类固醇，又称结构功能脂质。

（1）脂类的生理功能。脂类是人体组织细胞的重要组成成分，在维持细胞结构和功能中有着重要的作用，如磷脂、糖脂、胆固醇等是细胞膜的主要成分。脂类能够起到提供和储存能量、保护脏器、维持体温、促进脂溶性维生素吸收等作用。膳食脂肪是人体必需脂肪酸的重要来源。

（2）脂类的供给量和食物来源。按照我国膳食营养素参考摄入量，成人脂肪摄入量为人体所需总能量的20%～30%。长期过多摄入脂肪，可导致高血压、高血脂、动脉粥样硬化、肥胖等多种慢性疾病。

脂类的食物来源主要有动物性来源和植物性来源两类。动物性来源包括猪油、牛油、羊油、鱼油等各种动物油脂及肉类、鱼类、蛋类、乳类等食物。植物性来源包括花生、大豆、玉米、芝麻、葵花籽及其他果仁等。

3. 碳水化合物

碳水化合物是由碳、氢、氧三种元素组成的，广泛存在于自然界的有机化合物，又称糖类。碳水化合物按其分子结构可分为单糖、双糖、糖醇、寡糖和多糖。

单糖是结构最简单的碳水化合物，溶于水，可直接被人体吸收和利用。双糖常见的有麦芽糖、蔗糖和乳糖。糖醇在自然界食物中少量存在，多具有甜味，但在小肠内无法消化吸收，因此几乎不提供能量，对于血糖波动也没有影响，作为甜味剂添加在食品中尤其适宜糖尿病及肥胖患者食用。寡糖多存在于大豆、水果、蔬菜中，在消化道内都不能被消化吸收。多糖分为淀粉、糖原和膳食纤维三大类，其中淀粉是膳食中碳水化合物的主要来源，大量存在于谷物、杂豆、薯类及坚果等食物中；糖原又称动物淀粉，主要存在于肝脏、肌肉等组织中；膳食纤维在机体内虽然不能消化吸收，但对于维持肠道功能的健康起着重要作用。

（1）碳水化合物的生理功能。碳水化合物具有重要的生理功能，是给人体提供能量的主要和有效形式。糖原和葡萄糖是脑组织和心肌的主要能源，也是肌肉运动的有效能源物质。血液中的葡萄糖是神经系统的唯一能量来源，人体大脑每日需要葡萄糖110～130克，若机体血糖降低，往往会使人昏迷，严重的甚至会造成休克或死亡。神经组织、细胞和体液中都含有碳水化合物，人体所需要的能量主要由碳水化合物提供。人体摄入充足的碳水化合物，可减少蛋白质的消耗，节约蛋白质，从而使蛋白质充分发挥其作用。

（2）碳水化合物的供给量与食物来源。中国营养学会推荐我国居民膳食碳水化合物的供给量应占全天总能量的55%～65%。碳水化合物主要来自植物性食物，如大米、小麦、玉米等谷类和薯类，这些食物含有丰富的淀粉，是重要的主食，也是最重要的能量来源。此外，蔬菜、水果除含少量单糖外，也是膳食纤维的主要来源。而蔗糖、麦芽糖等精制食糖，除了供应能量外，基本不含其他营养素，长期摄入过多，可导致肥胖、高血脂、龋齿等。

4. 维生素

维生素是指维持人体细胞生长和正常代谢所必需的一类小分子有机化合物，在人体内大多不能合成，或者合成量很少而不能满足机体需要。维生素是维持机体正常生命活动所必需的营养素，与人体的健康有着密切的关系。维生素的种类很多，主要有维生素A、B族维生素、维生素C、维生素D、维生素E等。

（1）维生素的生理功能。不同的维生素具有不同的生理功能。

1）维生素A。维生素A与保持正常的视觉有关，若维生素A不足或缺乏，严重时会引发夜盲症。维生素A对上皮组织细胞的正常形成、发育及维持十分重要，还可以促进蛋白质的生物合成、骨骼生长及骨细胞的正常分裂。

2）维生素B_1。维生素B_1是人体内物质代谢和能量代谢中的关键物质，具有促进胃肠蠕动，增强消化功能的作用。当发生维生素B_1缺乏时，会导致胃肠蠕动缓慢，消化液分泌减少，出现腹胀、食欲不振、消化不良等症状。维生素B_1在体内一般不储存。膳食中供应不足时，首先出现体弱及疲倦，然后出现头痛、失眠眩晕、食欲不佳及其他胃肠道症状和心动过速。维生素B_1缺乏症又称为脚气病。

3）维生素B_2。维生素B_2在氨基酸、脂肪酸、碳水化合物的代谢过程中起着重要作用。维生素B_2缺乏是我国常见的营养缺乏病，主要是由于维生素B_2摄入量低下或吸收不良。维生素B_2轻度缺乏没有明显的体征改变，仅有生理代谢的变化。当缺乏严重时，主要表现为眼睛、皮肤、口腔等部位发生病变，如视力模糊、怕光、流泪，脂溢性皮炎，口角乳白、开裂渗血、结痂，唇炎和舌炎等。

4）维生素C。维生素C作为一种强抗氧化剂，对酶系统具有保护、调节、促进催化的作用，以及防止过氧化的作用。维生素C具有促进组织细胞间质中胶原蛋白合成，促进机体伤口愈合，促进固醇的代谢，促进铁吸收等作用。如果膳食中的维生素C不能满足机体需要，则可引起维生素C缺乏症，又称坏血病，早期症状大多是非特异性的，如全身无力、食欲减退、牙龈疼痛出血、皮肤干燥粗糙、伤口愈合不良、容易出血。由于血管脆性增加，全身可见出血点，严重时可由于大出血而导致死亡。

5）维生素D。维生素D能够促进人体对钙、磷的吸收，并维持血液中钙、磷的浓度；能够促进钙在骨骼中的沉积，维持骨骼和牙齿的正常生长与无机化。而长期大量摄入维生素D也会导致中毒，主要表现为恶心、食欲下降、多尿、皮肤瘙痒、肾衰竭以及心血管系统的异常，严重者会导致死亡。

6）维生素E。维生素E具有抗氧化作用，在体内能有效地阻止细胞膜的氧化，维持细胞膜的完整性；还可防止维生素A、维生素C的氧化，从而保证它们在体内生理功能的发挥。维生素E能够保持红细胞的完整性，调节体内某些物质的合成。机体内几乎所有器官组织中都储存有维生素E。维生素E的缺乏主要原因是由其他疾病造成的吸收不良。

（2）维生素的食物来源。

1）维生素A。维生素A存在于动物性食物中，以动物肝脏、黄油和牛奶及禽蛋中含量最为丰富。

2）维生素B_1。维生素B_1广泛存在于天然食物中，含量较为丰富的有动物内脏、猪瘦肉、未经精制加工的谷物等。在谷物中，全谷物含有的维生素B_1较多，因而粗粮的摄入能带来更多的维生素B_1。

3）维生素B_2。维生素B_2广泛存在于动植物食物中。动物性食物含量高于植物性食物，尤以动物内脏、蛋类、乳类及其制品含量最为丰富。植物性食物中，豆类和绿色蔬菜中含量较高。谷物中的维生素B_2含量主要取决于其加工程度和烹饪方式。由于我国传统膳食以植物性食物为主，因此，较容易出现维生素B_2的缺乏，为满足机体需要，要充分利用动物性食物，同时注意增加新鲜的绿叶蔬菜、豆类及标准米面的利用。

4）维生素C。维生素C主要存在于植物性食物中，尤其是新鲜的蔬菜和水果。谷物和干豆中基本不含维生素C，但豆类经萌发后会产生一定量的维生素C。

5）维生素D。天然食物中的维生素D含量均较低，而海水鱼的肝脏中维生素D含量最为丰富。动物肝脏、卵黄、乳类中也含部分维生素D。对于婴幼儿、特殊工种人群及老人等日照不足的人群，若无条件增加户外活动，应以鱼油补充维生素D。

6）维生素E。维生素E广泛存在于各种动植物原料中，特别是油料作物的种子、谷物和各种坚果等。深色叶菜和菌藻类也含一定量的维生素E。动物性食物如黄油、鱼油、肉类及蛋类食物中也含有部分维生素 E，但含量不高。一般动物性食物中的维生素 E 含量受饲料中维生素 E 含量的影响。

5. 矿物质

人体内各种元素中，除了碳、氢、氧、氮以有机化合物的形式存在外，其他各种元素统称为无机盐或矿物质。目前已发现 20 多种人体必需的矿物质，根据它们在人体内的含量将其分为宏量元素和微量元素。宏量元素包括钙、钠、钾、镁、磷、硫、氯，微量元素主要有铁、碘、锌、硒、铜、钼、铬、钴、氟等。

（1）矿物质的生理功能。

1）钙。钙具有构成骨骼和牙齿、调节神经与肌肉的兴奋性、调节体内某些酶的活性、参与血液凝固等作用。

2）钠。钠含量的平衡，是维持细胞内外水分恒定的根本条件。钠具有维持酸碱平衡、维持血压正常、增强神经肌肉兴奋性的作用。

3）钾。钾具有维持糖和蛋白质的正常代谢、维持细胞内正常渗透压、维持神经肌肉的应激性和正常功能、维持心肌的正常功能、降低血压等作用。钾缺乏和钾过量均可引起心律失常。补钾对高血压及正常血压者均有降低血压的作用。

4）铁。铁参与人体内氧气的转运与组织呼吸，能够维持正常的造血功能。膳食中铁缺乏可引起缺铁性贫血，影响儿童的生长发育及成人的免疫力。

5）碘。碘在人体内主要参与甲状腺素的合成。甲状腺素是人体内重要的激素，对婴幼儿胚胎发育期和出生后早期生长发育，尤其是智力发育尤为重要。膳食中碘长期摄入不足或人体对碘的需要量增加时，可引起甲状腺肿大；孕妇、哺乳期女性缺碘可造成胎儿、新生儿缺碘引起克汀病。但长时间高碘摄入也会导致高碘性甲状腺肿。

6）锌。锌能够促进人体生长发育、促进食欲。膳食中长期锌摄入不足，可引起生长发育停止、性成熟延迟、味觉异常、食欲不振，甚至引发异食癖等。

7）硒。硒在人体消化道内可与有毒重金属结合，使其排出体外而起到解毒作用。

（2）矿物质的食物来源。

1）钙。乳类与乳制品含钙丰富且吸收率高，是人体钙的最优质来源。水产品、大豆、绿色蔬菜中也含有丰富的钙质。值得注意的是，骨汤并不能很好地溶出钙，因此，喝骨头汤补钙的传统说法是不正确的。

2）钠。钠普遍存在于各种食物中，一般动物性食物中钠的含量高于植物性食物，但人体钠的主要来源为食盐，以及加工、制作食物过程中加入的钠或含钠的复合物（如谷氨酸钠、小苏打等），如酱油、盐渍或腌制食品、烟熏食品、发酵豆制品等。

3）钾。钾的食物来源非常广泛，蔬菜和水果是钾的最好来源。

4）铁。膳食中动物的肝脏、动物血液、动物的肌肉组织均为铁的良好来源。植物性食物中铁的吸收利用率不高。

5）碘。碘的主要食物来源为海产品，如紫菜、海带等。我国对食盐进行了碘强化，可有效防治碘缺乏。

6）锌。贝类如牡蛎、扇贝中富含锌元素，肉类、内脏、鱼类、蛋类中也富含锌。

7）硒。食物中的硒元素含量变化范围很大，动物内脏、海产品、肉类、谷物、奶制品、水果和蔬菜等均含硒。需要特别注意的是，摄入过多的硒可发生急性或慢性中毒。

6. 水

水是人体内含量最多的一种成分，是由氢元素和氧元素组成的。

（1）水的生理功能。水是人体内最重要的组成成分。成年男性体内含水量约为体重的60%，成年女性为50%～55%，新生儿可高达80%。水是人体内的良好溶剂，有助于营养素的消化、吸收、利用和排泄。水具有调节体温、润滑机体的作用。水摄入量不足或丢失过多时，可引起人体失水。一般情况下，失水达体重的2%时，可感到口渴、食欲下降、出现少尿；失水达体重的10%时，可出现烦躁、眼球凹陷、皮肤失去弹性、血压下降；失水超过20%时，可引起死亡。

（2）水的供给量与食物来源。人体中水的来源包括饮水、食物中的水和机体生理生化反应产生的内生水，每天需要的总量约为1 600毫升。水的需要量受年龄、体力活动、膳食、环境温度等多方面的影响，须及时作出调整。

二、烹饪原料的营养价值

原料的营养价值是指原料中所含的营养素和能量能满足机体需要的程度，原料的营养价值取决于原料中所含的营养素种类、数量，相互之间的组成比例是否满足人体需要，是否容易被消化吸收等。不同的烹饪原料所含的营养素各不相同，其营养价值也存在很大的差异。

1. 植物性原料的营养价值

（1）谷类的营养价值。谷类中的碳水化合物主要为淀粉，含量可达70%以上。谷类淀粉是人体最经济、最重要的能量来源，占人体总能量摄入的50%～70%。谷类中蛋白质的含量因其品种、加工方法及气候的不同而有很大的差异。一般来说，谷类的蛋白质含量为7.5%～15.0%，但其在膳食中所占的比重较大，因此是膳食蛋白质最重要的来源之一。谷类的脂肪含量少，一般仅为1%～2%。玉米、小麦胚芽含有大量的油脂，不饱和脂肪酸可占到80%，营养价值较高。谷类的矿物质含量为1.5%～3.0%，其主要成分为钙、铁，但不易被消化吸收。谷类为膳食中B族维生素，尤其是维生素B_1的重要来源。谷类的精制加工程度越高，维生素的损失越多。

（2）豆类及其制品的营养价值。

1）大豆的营养价值。大豆中蛋白质含量丰富，为30%～40%，是唯一的植物性优质蛋白。大豆的脂肪含量为15%～20%，含有较多的卵磷脂，在人体内的消化率可高达97.5%，是优质的植物油脂。大豆中的碳水化合物数量不多，其中一半为机体不能吸收利用的寡糖和膳食纤维，这些物质在肠道内易被细菌发酵产气，造成一部分人的胃肠不适。大豆中含有丰富的钙、磷、铁，但由于抗营养因子的存在而影响钙与铁的吸收利用。大豆中含有较多的维生素B_1、维生素B_2，以及一定量的维生素E。

2）杂豆的营养价值。豌豆、蚕豆、绿豆等其他豆类的营养价值与大豆差异较大。杂豆的蛋白质含量较低，而碳水化合物含量较高，营养价值类似于谷类，也是膳食中非常重要的一类食物。

3）豆制品的营养价值。豆制品在加工过程中经浸泡、加热、碾磨等工序，减少了大豆的抗营养因子和膳食纤维，使其营养素的利用率有所提高。

（3）果蔬类原料的营养价值。多数蔬菜和水果的蛋白质含量均不超过2%，脂肪含量也极少。蔬菜和水果是碳水化合物的主要来源，根茎类蔬菜含较多的淀粉，水果中则以蔗糖、果糖、葡萄糖等为主。叶菜和水果中含膳食纤维，能促进胃肠道蠕动，调节消化功能，促进益生菌的生长，对肠道功能有积极的影响。新鲜蔬菜、水果是胡萝卜素、维生素C及B族维生素的优质来源，也是矿物质的重要来源，富含钙、磷、铁、钾、钠、镁等多种矿物质。蔬菜和水果中还含有类黄酮、有机酸、芳香类物质和有机硫化物等植物化学物,这些植物化学物虽然不是人体必需的营养素,但能起到抗氧化、保护心血管、杀菌消炎等保健作用。

2. 动物性原料的营养价值

(1)畜禽类的营养价值。畜禽类的蛋白质含量为10%～20%,禽肉的蛋白质含量略高于畜肉,牛、羊肉的蛋白质含量高于猪肉。畜禽肉中的脂肪含量占10%～30%,因品种不同而有较大差异,畜类高于禽类,猪肉中脂肪含量高于牛肉和羊肉。畜禽肉中的碳水化合物含量不高,仅有少量糖原;含有较多的矿物质,如磷、铁,但钙含量不高。内脏中含较高的维生素A,猪瘦肉中含较多的维生素B_1,禽类的肌肉中还含有维生素E。

(2)水产类的营养价值。水产类原料蛋白质含量为18%～20%,是人体优质蛋白质的重要来源,容易被人体消化吸收。绝大部分水产类原料脂肪含量不高,主要分布在皮下和内脏周围。部分深海鱼类富含脂肪,且多为多不饱和脂肪酸,这些脂肪酸营养价值很高,可促进儿童、青少年大脑发育,对中老年人则能够起到很好的降血脂和保护心血管的作用。水产类原料中大部分胆固醇含量不高,但虾籽、鱼籽、蟹黄及乌贼、鱿鱼等软体动物中则含有较高的胆固醇。鱼类的肝脏中含有丰富的维生素A和维生素D,也是维生素B_1的良好来源。水产中的矿物质含量高于陆地动物,主要含磷、钙、钾、铁、锌、硒等。海鱼中含丰富的碘,虾蟹中含丰富的钙、磷。海产贝类还含有较高的锌和铜。

(3)奶类及其制品的营养价值。牛奶中蛋白质含量为3%～3.5%,为优质蛋白质;脂肪含量为3%～5%。奶类中的碳水化合物以乳糖和少量的葡萄糖为主,能促进肠道内益生菌的生长,促进钙的吸收利用。有部分人因缺乏乳糖酶,不能分解乳糖,食用乳类及其制品后,会出现腹胀、腹痛、腹泻症状,称为乳糖不耐受。牛奶中含有多种维生素,尤其是维生素A和维生素E。牛奶中的矿物质主要有钙、磷、钾、钠等,以钙和磷最为丰富。奶类中的钙磷比例合适,钙吸收率高,是人体所需钙的最佳来源。

(4)蛋类及其制品的营养价值。蛋类中蛋白质含量约为12%,是食物中最理想的天然优质蛋白质;脂肪含量为11%～15%,主要存在于蛋黄中,容易被消化吸收,蛋黄中也含有较多的卵磷脂和胆固醇。蛋类中含有较多的维生素,主要在蛋黄中,包括维生素A、维生素D、维生素B_1、维生素B_2和烟酸,但维生素 C 含量很少；蛋清中只有少量维生素 B_2。蛋类的矿物质以钙、磷、铁等为主。但由于蛋类中含有卵黄磷蛋白，可与铁结合而妨碍其吸收，因而铁的吸收率不高。

三、中国居民膳食指南

为给居民提供最根本、最准确的健康膳食信息，提高我国居民整体素质，中国营养学会于 2022 年修订发布了《中国居民膳食指南（2022）》。

1. 一般人群膳食指南

一般人群膳食指南共有 8 条，适合 2 岁以上的正常人群。

（1）食物多样，合理搭配。食物多样是平衡膳食模式的基本原则。多样的食物应包括谷薯类、蔬菜水果类、畜禽鱼蛋奶类、大豆坚果类等。平均每天应摄入 12 种以上食物，每周 25 种以上。平均每天摄入谷类食物 250～300 克，其中全谷物和杂豆类 50～150 克，薯类 50～100 克。每天的膳食应合理组合和搭配，使膳食模式中碳水化合物供能占膳食总能量的 50%～65%，蛋白质占 10%～15%，脂肪占 20%～30%。

（2）吃动平衡，健康体重。各年龄段人群都应该坚持每天运动、维持能量平衡、保持健康体重。体重过低和过高均易增加疾病的发生风险。每周应至少进行 5 天中等强度身体活动，累计 150 分钟以上。坚持日常身体活动，最好每天活动 6 000 步，减少久坐时间，每小时起来动一动，动则有益。

（3）多吃蔬菜、水果、奶类、全谷物、大豆。蔬菜、水果、奶类和大豆及其制品是平衡膳食的重要组成部分，坚果是膳食的有益补充。蔬菜和水果是维生素、矿物质、膳食纤维和植物化学物的重要来源，奶类和大豆富含钙、优质蛋白质和 B 族维生素，对降低慢性病的发病风险具有重要作用。应保证餐餐有蔬菜，每天摄入不少于 300 克蔬菜，其中深色蔬菜应占 1/2；保证天天吃水果，每天应摄入 200～350 克新鲜水果，果汁不能代替鲜果。吃各种各样的奶制品，摄入量相当于每天 300 毫升以上液态奶。经常吃全谷物、豆制品，适量吃坚果。

（4）适量吃鱼、禽、蛋、瘦肉。鱼、禽、蛋和瘦肉可提供人体所需要的优质蛋白质、维生素 A、B 族维生素等，有些也含有较高的脂肪和胆固醇。动物性食物优选鱼和禽类，鱼和禽类脂肪含量相对较低，鱼类含有较多的不饱和脂肪酸。畜肉摄入过多对健康不利，应当适量食用。蛋类中各种营养成分齐全，瘦肉脂肪含量较低。过多食用烟熏和腌制肉类可增加部分肿瘤的发生风险，应当少吃。

（5）少油少盐，控糖限酒。应培养清淡饮食习惯，少吃高盐和油炸食品。成人每天摄入食盐不超过 5 克，烹调油为 25～30 克，避免过多动物性油脂和饱和脂肪酸的摄入。过多摄入添加糖可增加龋齿和超重的发生风险，建议不喝或少喝含糖饮料，每天摄入糖不超过 50 克，最好控制在 25 克以下，儿童、青少年、孕妇、哺乳期女性不应饮酒，成年人如饮酒，一天饮酒的酒精量不超过 15 克。

（6）规律进餐，足量饮水。规律进餐是实现合理膳食的前提，应合理安排一日三餐，定时定量、饮食有度，不暴饮暴食。早餐提供的能量应占全天总能量的 25%～30%，午餐占 30%～40%，晚餐占 30%～35%。水是构成人体成分的重要物质并发挥着多种生理作用。建议低身体活动水平的成年人每天饮 7～8 杯水，相当于男性每天喝水 1 700 毫升，女性每天喝水 1 500 毫升。每天主动、足量饮水，推荐喝白水或茶水，不喝或少喝含糖饮料。

（7）会烹会选，会看标签。食物是人类获取营养、赖以生存和发展的物质基础，在生命的每一个阶段都应该规划好膳食。了解各类食物的营养特点，挑选新鲜的、营养素密度高的食物，学会通过食品营养标签的比较，选择购买较健康的包装食品。烹饪是合理膳食的重要组成部分，如在外就餐或选择外卖食品，应按需购买，注意适宜分量和荤素搭配，并主动提出健康诉求。

（8）公筷分餐，杜绝浪费。日常饮食卫生应首先注意选择当地的、新鲜卫生的食物，不食用野生动物。食物制备要生熟分开，储存得当。多人同桌，应使用公筷公勺，采用分餐等卫生措施。勤俭节约是中华民族的文化传统，人人都应尊重和珍惜食物，在家或在外均要按需备餐，不铺张，不浪费。

2. 中国居民平衡膳食宝塔

中国居民平衡膳食宝塔（见图 5-1）共分五层，包含每天应摄入的主要食物种类。膳食宝塔各层的位置和面积不同，反映了各类食物在膳食中的地位和应占据的比重。

谷薯类位于第一层，成年人每人每天应摄入谷类 200～300 克，其中包含全谷物及杂豆 50～150 克；另外，薯类 50～100 克。蔬菜水果位于第二层，成年人每人每天应摄入蔬菜 300～500 克，水果 200～350 克。鱼、禽、肉、蛋等动物性食物位于第三层，成年人每人每天应摄入畜禽肉 40～75 克，水产品

40～75克，鸡蛋1个（相当于50克左右）。奶类、大豆和坚果位于第四层，成年人每人每天应摄入奶及奶制品300～500克，大豆及坚果类25～35克，其他豆制品摄入量需按蛋白质含量与大豆进行折算。坚果每周摄入70克左右（相当于每天10克左右）。最顶层是烹调油和盐，成年人每人每天摄入食盐应小于5克，烹调油不超过25～30克。此外，成年人每人每天还应摄入1 500～1 700毫升的水。

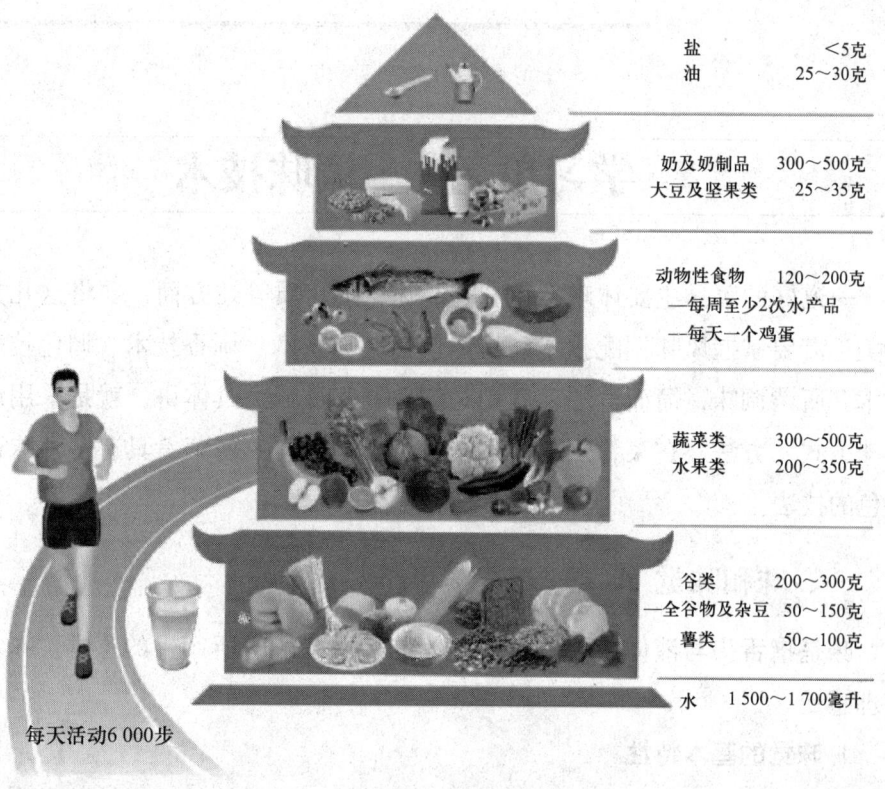

图 5-1 中国居民平衡膳食宝塔

培训课程 2

菜品风味调配技术

学习单元 1 调味技术

一道好的菜品主要体现在色、香、味、形、质等几方面，要将这几方面做到完美，需要掌握风味调配技术，具体包括调味技术、调香技术、调色技术、调质技术。所谓调味，简而言之，就是对菜肴调和滋味。具体讲，就是采用调味品和调味方式、方法，在菜肴烹制的不同时机影响原料，使菜肴具有多种味道和风味特色的技法。

一、味和味觉

味是指舌头与液体或者溶解于液体的物质接触时所产生的感觉。味觉是一种生理感受。

1. 味觉的基本特性

味觉一般都具有灵敏性、适应性、可融性、变异性、关联性等基本性质。这些特性是控制调味标准的依据，是形成调味规律的基础。

（1）味觉的灵敏性。味觉的灵敏性是指味觉的敏感程度，味觉的灵敏性非常高，这是中餐烹饪形成"百菜百味"特色的重要基础。

（2）味觉的适应性。味觉的适应性是指由于持续某一种味的作用而产生的对该味的适应。如常吃辣而不觉辣，常吃酸而不觉酸等。味觉的适应性有短暂适应和永久适应两种。

1）味觉的短暂适应。在较短时间内多次受某一种味的刺激，所产生的味觉间的瞬时对比现象，是味觉的短暂适应。它只会在一定时间内存在，稍过便会消失，交替品尝不同味道可防止其发生。因此，在配置成套菜肴时要特别注意，尽可能地安排不同味别的菜品或根据味别错开上菜顺序。

2）味觉的永久适应。这是由于长期经受某一种过浓滋味的刺激所引起的，在相当长的一段时间内都难以消失。在特定环境中长期生活的人，由于经常接受某一种过重滋味的刺激，便会养成特定的口味习惯，产生味觉的永久适应。如四川人喜吃麻辣，山西人喜食醋等。受宗教信仰或个人饮食习惯的影响（包括嗜好、偏爱等），也会引起味觉的永久适应。

（3）味觉的可融性。味觉的可融性是指数种不同的味可以相互融合而形成一种新的味。味觉具有的可融性是菜肴各种复合滋味形成的基础。

（4）味觉的变异性。味觉的变异性是指在某种因素的影响下，味觉感度发生变化。味觉感度的变化有多种形式，分别由生理条件、温度、浓度、季节等因素所引起。此外，味觉感度还随心情、环境等因素的变化而改变。

（5）味觉的关联性。味觉的关联性是指味觉与其他感觉相互作用的特性。人的各种感觉都必须在大脑中反映，当多种感觉一起产生时，就必然发生关联。与味觉关联的其他感觉主要有嗅觉、触觉等。

2. 影响味觉的因素

（1）温度对味觉的影响。味觉感受的最适宜温度为 10～40 ℃，30 ℃时味觉感受最敏感。

（2）浓度对味觉的影响。浓度对味觉的影响很大，浓度适宜能引起快感，过浓或过淡都可能引起不舒服或令人厌恶的感受。

（3）水溶性对味觉的影响。味觉的感受强度与呈味物质的水溶性和溶解度有关。呈味物质必须有一定的水溶性才可能有一定的味感，完全不溶于水的物质是无味的，溶解度小于阈值的物质也是无味的。呈味物质只有溶于水，成为水溶液后，才能刺激到味蕾，产生味觉。溶解速度越快，产生味觉的速度也就越快。水溶性大的呈味物质，味感较强，反之，味感较弱。

（4）生理条件对味觉的影响。引起人们味觉感度变化的生理条件主要有年龄、性别及某些特殊生理状态等。一般而言，年龄越小，味感越灵敏，随着年龄的增长，味蕾对味的感觉会越来越迟钝，也就是味感逐渐衰退，但是，这种迟钝不包括咸味。

性别不同，对味的分辨力也有一定差异，一般女性分辨味的能力，除咸味之外都胜过男性，多数女性比同龄男性更喜欢甜食。人在生病时，味感略有减退，重体力劳动者的味感较重,轻体力劳动者的味感较轻。

(5)个人嗜好对味觉的影响。不同的地理环境和饮食习惯会形成不同的嗜好,从而导致人们味感的差别。但是,人的嗜好随着生活习惯的变化是可以改变的。

"安徽甜,河北咸,福建、浙江咸又甜;宁夏、河南、陕、甘、青,又辣又甜外加咸;山西醋,山东盐,东北三省咸带酸;黔(贵州)、赣(江西)、两湖(湖南、湖北)辣子蒜,又麻又辣数四川;广东鲜,江苏淡,少数民族不一般。"这一首中国人的口味歌,十分准确且生动地反映了不同地理环境和饮食习惯对味觉的影响。

(6)饮食心理对味觉的影响。饮食心理是人们在生活中形成的对某些食物的喜恶感受,如某些人对某种原料或菜肴颜色及味道会很反感。

(7)季节变化对味觉的影响。例如,在气温较高的夏季,人们多喜欢食用口味清淡的菜肴;而在气温较低的冬季,人们多喜欢食用口味浓厚的菜肴。

(8)饥饿程度对味觉的影响。民间有"饥不择食"的俗语,就是说当人过分饥饿时,对百味俱敏感;饱食后,则对百味皆迟钝。

3.味的分类

味主要有单一味和复合味两类。

(1)单一味。也称为基本味、母味,是指只用一种味道的呈味物质调制出的滋味。主要有咸、甜、酸、鲜、辣、苦。

1)咸味。咸味是绝大多数复合味的基础味,是菜肴调味的主味,菜肴中除了纯甜味菜肴外,几乎都带有咸味,而且咸味调料中的呈味成分氯化钠是人体必需的成分之一,故常被称为"百味之本""百肴之将"。咸味能去腥解腻,突出原料的鲜香味,可调和多种多样的复合味。

2)甜味。甜味在古代也称甘味,在调料中的作用仅次于咸味。烹调时,甜味除可调制单一甜味的菜肴外,还可调制更多复合味的菜肴。甜味可以增加菜肴的鲜味,并有特殊调和滋味的作用。

3)酸味。烹调中用于调味的酸味成分主要是可以电离出氢离子的一些有机酸,如醋酸、柠檬酸、乳酸、苹果酸、酒石酸等。酸味一般不独立作为菜肴的滋味,而是与其他单一味一起构成复合味。酸味有除腥解腻的作用,能使鲜味减弱,少量的苦味或涩味可以使酸味增强。酸味与甜味、咸味相比,阈值较低,并且会随温度升高而增强。

4)鲜味。鲜味通常不能独立作为菜肴的滋味,必须与咸味等其他单一味一起构成复合味。鲜味的主要来源是烹调原料本身所含的氨基酸等物质以及呈现鲜味的调味料。鲜味可使菜肴鲜美可口，增强食欲。

5）辣味。辣味是某些化学物质刺激舌面、口腔及鼻腔黏膜所产生的一种痛感。辣味不属于味觉，但却是常用的刺激性最强的烹调味。辣味物质包括两种，一种在常温下可挥发，另一种需加热才可挥发。前者习惯称为辛辣，后者称为热辣或火辣。辣味具有去腥解腻、增进食欲、帮助消化等作用。

6）苦味。苦味是一种特殊味，在菜肴中一般不单独呈味，都是辅助其他调味品形成清香、爽口的特殊风味。

（2）复合味。复合味是指用两种或两种以上呈味物质调制出的综合滋味。由两类调味品调制出的具有两种味道的味型，称为双味复合味；三类以上调味品调制出的具有三种以上味道的味型，称为多味复合味。常见的复合味型如下：

1）咸鲜味型。主要由食盐或酱油等呈现咸味的调味料和味精或鲜汤等呈现鲜味的调味料调和而成。在调制时要注意咸味适度，突出鲜味，咸鲜适口。

2）甜酸味型，也称糖醋味型。调制时需以适量的咸味为基础，重用糖、醋，以突出甜酸味。

3）酱香味型。由甜面酱、酱油、味精、糖、香油调和而成。特点是酱香浓郁，咸鲜微甜。

4）酸辣味型。一般由食盐、醋、胡椒粉、味精、辣椒粉、香油等调和而成。特点是酸醇辣香，咸鲜味浓。

5）麻辣味型。主要由辣椒、花椒、食盐、料酒、味精等调和而成。特点是麻辣味厚，鲜咸而香。

6）家常味型。由豆瓣酱、食盐、酱油、料酒、味精、辣椒等调和而成。特点是咸鲜微辣。

7）鱼香味型。主要由泡红辣椒、食盐、酱油、糖、醋、红油、味精、料酒及葱、姜、蒜等调和而成。特点是咸、甜、酸、辣、鲜、香兼备。

8）荔枝味型。主要由食盐、糖、醋、料酒、酱油、味精等进行调制，并佐以葱、姜、蒜的辛香气味而制成。调制时，需要有足够的咸味，并在此基础上显出甜味和酸味。注意糖应略少于醋，葱、姜、蒜仅取其辛香味，且用量不宜过多。特点是酸甜似荔枝，咸鲜在其中。

另外，还有香咸味型、椒盐味型、五香味型、麻酱味型、烟香味型、陈皮味型、甜香味型、咸辣味型、蒜泥味型、姜汁味型、芥末味型、红油味型等。

二、调味的原则

1. 因地施调

每一道菜品都有其特定的地域风味，所谓因地施调，就是视菜肴的风味，准确、适宜地调味，保持其风味特色。

2. 因料施调

按照原料本身的性质进行调味。本身滋味好的原料，应突出原料的本味，不宜被调味品的浓厚滋味掩盖；本身滋味不好的原料，应酌加去腥解腻、除异味的调味品，达到去除异味、提味增香的效果；本身无显著滋味的原料，应注意增味。

3. 因时施调

随季节变化适当调和菜肴的滋味。一般规律是气温较高的季节，应以清淡为主；气温较低的季节，应以浓厚为主。

4. 因人施调

根据不同的食用对象进行适当的调味。例如，根据食用者的性别、年龄等进行调味。

三、调味的方法

根据菜肴制作过程中原料入味方式的不同，可将调味的方法分为以下六种。

1. 腌渍调味法

腌渍调味法是指将调味品与菜肴的主料或辅料融合，或将菜肴的主、辅料浸泡在溶有调味品的溶液中，经过一定时间后，使其入味的调味方法。腌渍调味法有干腌法和湿腌法两种。干腌法多用于不容易破碎的原料；湿腌法一般用于容易破碎的原料。

2. 分散调味法

分散调味法是指将调味品溶解后分散于汤汁中，使之入味的调味方法。多用于汤菜和操作速度特别快的菜肴。

3. 热渗调味法

热渗调味法是指在热力的作用下，使调味品中的呈味物质渗透到原料内部的调味方法。一般规律是加热时间越长，原料入味就越充分。通过慢火长时间加热的烹调方法制作的菜肴，都具有原料味透的特点。

4. 裹浇调味法

裹浇调味法是指将调味品调制成液体状态，黏附于原料表面，使原料带味的方法。

5. 粘撒调味法

粘撒调味法是指将固体状态的调味品黏附于原料表面，使其带味的方法。一般是先将菜肴原料装盘后，再撒上颗粒或粉末状调味品。

6. 跟碟调味法

跟碟调味法是指将调味品盛装入小碟或小碗等盛器内，随菜肴一同上席，由食用者蘸而食之的方法。跟碟调味法具有较大的灵活性，能同时满足数人的口味要求。

学习单元 2　调香技术

调香技术是指运用各种呈香调料和调制手段，使菜肴获得令人愉快的香气的工艺过程。调香对菜肴风味的影响仅次于调味。通过调香技术，可以消除某些原料的腥膻异味，可配合和突出原料的自然香气。此外，调香技术还是确定和构成菜肴不同风味特色的因素之一。

一、气味与嗅觉

气和味总是联系在一起。气是一个载体，味是气的一种附着物，气飘到哪里，味跟到哪里。气味是嗅觉所感知到的由空气传播的各种各样的味道。嗅觉是挥发性物质刺激鼻腔嗅觉神经，并在中枢神经引起的感觉，它比味觉更敏感、更复杂。嗅觉具有以下基本特性。

1. 敏锐性

人的嗅觉相当敏锐，从嗅到气味物质到产生感觉，仅需 0.2～0.3 秒。一些嗅感物质即使浓度很低也会被感觉到，正常人一般能分辨 3 000～3 500 种不同的气味。

2. 易疲劳、适应和习惯

久闻某种气味，易使嗅觉细胞产生疲劳而对该气味不灵敏，但对其他气味并未疲劳。当嗅体中枢神经由于一种气味的长期刺激而陷入反馈状态时，感觉便会受到抑制而产生适应性。另外，当人的注意力分散时会感觉不到气味；长时间闻一种气味便会对该气味形成习惯。

3. 个体差异大

不同的人嗅觉差别很大，这是由遗传产生的。有人认为，女性的嗅觉比男性敏锐。

4. 阈值会随人体状况变动

人的生理状况对嗅觉有明显影响。当人的身体疲劳或营养不良时，会引起嗅觉功能下降，如人在生病时会感到食物平淡不香。女性月经期、妊娠期或更年期可能会发生嗅觉减退或过敏现象等。

二、菜肴香气的来源及香型

1. 菜肴香气的来源

气味的种类极多，对气味准确分类也非常困难。人们通常将产生令人喜爱感觉的挥发性物质叫香气，将产生令人厌恶感觉的挥发性物质叫臭气。

菜肴的香气主要来源于烹饪原料的天然香气及其在烹调加工过程中产生的香气。它并非由某一种呈香物质单独产生，而是多种呈香物质的综合反应。

2. 菜肴的香型

菜肴的香气种类可分为原料的天然香气和烹调加工产生的香气。

（1）原料的天然香气是指原料本身固有的香气，主要有：辛香，是一类有刺激性的植物天然香气，如葱香、蒜香、花椒香、胡椒香、八角香、桂皮香、香菜香等；清香，是一类清新宜人的植物天然香气，如芝麻香、果香、花香、叶香、青菜香、菌香等；乳香，是一类动物性天然香气，包括奶类及其制品的天然香气，以及其他类似的香气，如奶粉、奶油、香兰素等的香气；脂香，是一类动植物兼有的油香气，如猪油香、牛油香、羊油香、鸡油香，各种植物油的香气等。

（2）烹调加工产生的香气主要有：酱香，酱品类的香气，如酱油香、豆瓣香、豆豉香、面酱香、腐乳香等；酸香，包括以醋为代表的香气和以乳酸为代表的香气，如各种泡菜香、腌菜香等；酒香，以酒为代表的香气，如料酒香、米酒香、醪糟香、啤酒香等；腌腊香，腌制的鸡、鸭、鱼、肉等所产生的香气，如火腿香、腊肉香、腊鱼香、风干鸡香、板鸭香等；烟熏香，某些原料经烟气熏制后产生的香气，如熏肉香、熏鱼香、熏鸡香、熏鸭香等；加热香，某些原料本身没有什么香气，但经加热后可产生特有的香气，如煮肉香、蒸肉香、烧鱼香、煎炸香、烘烤香等。

三、调香的方法

1. 腌渍调香法

腌渍调香法是指在原料被加热前，用食盐、料酒、生姜、香葱等调料将原料拌匀后腌渍一段时间，使调料中的呈香物质渗入原料中，与其异味成分充分作用，再通过排水、过油或正式烹调，使异味成分得以挥发进而除去的调香方法。此法使用范围很广，兼有入味、增香、助色的作用。

2. 加热调香法

加热调香法是指通过加热使调料的香气挥发出来，并与原料本身的香气融合，形成浓郁香气的调香方法。广义上，加热调香还应包括原料本身受热形成的香气。调料中呈香物质在加热时迅速挥发出来，并溶解在汤汁中，或渗入原料中，或吸附在原料表面，或直接从菜肴中散发出来，从而使菜肴带有香气。加热调香法具体操作形式有炝锅助香、加热入香、热力促香、醋化增香等。

3. 封闭调香法

封闭调香法属于加热调香法的一种辅助手段。烹制过程中，呈香物质受热挥发出的香气大部分都散失了，存留在菜肴中的只是一小部分。加热时间越长，香气散失越严重。为了防止香气在烹制过程中严重散失，可将原料置于封闭环境中加热，食用时再启开，即可获得非常浓郁的香气。封闭调香法具体操作形式有容器密封、泥土密封、纸包密封、浆糊密封、原料密封等。

4. 烟熏调香法

烟熏调香法是一种特殊的调香方法。常以樟木屑、花生壳、茶叶、谷草、柏树叶、锅巴屑、食糖等作为熏料，把熏料加热至冒浓烟，产生浓烈的烟香气味，烟香物质与被熏原料接触，并吸附在原料表面，有一部分还会渗入原料表层中，从而使原料带有较浓的烟熏味。

四、调香的原则

1. 充分利用原料中的天然呈香物质

呈香物质都具有一定的挥发性，对极易挥发的呈香物质，要控制好火候和调香时间，防止它们过早挥发；对在常温下不易挥发的呈香物质，可在加热条件下使用，或者碾成粉末助其挥发；对在水中溶解度极低的呈香物质，可通过炝锅、熏制等方法，使它们溶解或吸附在原料表面，或者制成乳状液，加入肉糜等半成品中，增强其呈香效果。

2. 利用加热过程合成新的呈香物质

在加热过程中，许多呈香物质会分解产生香气，例如，油炸食品的香气中有一部分是来自煎炸油自身的分解；熟肉制品的香气，大都来自蛋白质和核酸受热分解产生的香气；多种烧炒蔬菜的香气，源于含硫氨基酸的分解和转化。原料中的蛋白质和糖类在受热时会发生反应产生香气，这就是羰氨反应，也叫美拉德反应。

3. 采取合适的方法除去原料中的腥膻等不良气味

除去烹饪原料中的腥膻等不良气味，通常有四种方法，一是加入易挥发物质，降低不良气味物质的蒸汽分压，使它们在受热时迅速逃逸；二是利用酸碱中和原理，使不良气味物质分解或转化；三是加入气味浓烈的呈香物质，对不良气味进行掩盖；四是通过焯水、过油等预热手段，溶解或破坏某些不良气味物质。

学习单元3　调色技术

调色技术是指根据原料的性质、烹调方法和菜肴的味型，运用各种有色调料和调配手段，调配菜肴色彩，增加菜肴光泽，使菜肴色泽美观的工艺过程。

一、菜肴色泽的来源

菜肴的色泽主要来源于三个方面：原料的自然色泽、加热形成的色泽、调料调配的色泽。

1. 原料的自然色泽

原料的自然色泽即原料的本色。菜肴原料大都带有比较鲜艳、纯正的色泽，在加工时需要予以保持或者通过调配使其更加鲜亮。

2. 加热形成的色泽

加热形成的色泽，即在烹制过程中，原料表面发生色变，呈现出一种新的色泽。加热引起原料色变的主要原因是原料本身所含色素的变化及糖类、蛋白质等的焦糖化作用以及美拉德反应等。

3. 调料调配的色泽

调料调配色泽包括两个方面：一是用有色调料调配而成，在调制中应用较为广泛；二是利用调料在受热时的变化调配色泽，调料与火候的配合也是菜肴调色的重要手段。例如，烤鸭是在鸭的表皮涂以糖醋，烤制后可形成鲜亮的枣红色；炸制畜禽肉及鱼肉前码味时放入红醋，所形成的色泽会格外红润。这些都是利用了调料在加热时的变化或与原料成分的相互作用。

二、调色的方法

1. 保色法

保色法是指用调料保持或突出原料本色的调色方法。如蔬菜的绿色，一般可通过加油、加碱、加盐、水泡等措施保色。

2. 变色法

变色法是指通过调料改变原料本色，使之形成鲜亮色泽的调色方法。此法所使用的调料本身不具有所调配的颜色，需要在烹制过程中经过一定的变化才能产生相应的颜色。此法多用于烤、炸等烹调方法制作的菜肴。按主要化学反应类型的不同，变色法有焦糖化法和美拉德反应法两种。

3. 调色法

调色法是指将调料以一定浓度或一定比例调配出菜肴色泽的调色方法，多用于水烹菜肴的调色。常用的调料是一些有色调料，如酱油、红醋、糖色、番茄酱、红糟、甜酱、红曲米、藏红花汁等。

4. 润色法

润色即增加菜肴色彩的明亮程度。润色法就是在菜肴原料表面涂抹一层薄薄的油脂，使菜肴色泽油润光亮的调色方法。此法的操作过程与制熟过程同时进行，主要手法有淋、拌、翻等。

以上四种方法在实际烹调时，往往是几种方法同时使用，甚至和调味、调香等过程协同进行，才能使菜肴达到应有的色泽要求。

三、调色技术的基本要求

1. 要了解菜肴成品的色泽标准

在调色前，要对成菜的标准色泽有所了解，以便在调色过程中根据原料的性质、烹调方法和基本味型正确选用调色料。

2. 正确选料，先调色后调味

根据原料的性质、基本味型和烹调方法正确选用调色原料和调料。添加调色料时，要遵循先调色后调味的基本原则，因为绝大多数调色料也是调味料，若先调味再调色，势必使菜肴口味变化不定，难以掌握。

3. 控制好火候，讲究时机

对于采用烹调生色的菜肴，火候的控制很重要。当菜肴需要长时间加热时，影响生色的各种成分的浓度会发生变化，要注意调色的时机。油炸、油煎不要过火，否则色泽会过深。酱油等在长时间加热时会出现因糖分减少、酸度增加使颜色加深的现象，若过早加入酱油，待菜肴成熟时其颜色会过深，因此，应在开始时先调味，在出锅前调色，才能获得满意的色泽。

4. 充分利用原料的自然色，并加以保护

烹调原料大多有很好的自然色，用其自然色调色，更赏心悦目，也更安全。黄瓜、青椒等可以用食盐护色；藕、红薯、马铃薯、苹果、梨等削皮后放在水中可以减轻褐变，维持本色；用油膜隔绝空气，可避免蔬菜叶绿素的氧化；沸水锅短时间焯水，可以为绿色蔬菜护色。但这些方法只能起到短时间护色的作用。

5. 要符合人的生理和安全卫生需要

调色要符合人们的生理需要，因时而异。同一菜肴因季节不同，其色泽深浅要适度调整。一般夏季宜浅，冬季宜深。同时还要注意尽量少用或不用对人体有害的人工合成色素，以保证食品的安全性。

学习单元4　调质技术

调质技术是指在菜肴制作过程中，用一些调质原料改善菜肴原料质地和形态的工艺过程。

一、菜肴的质地与口感

菜肴的质地是决定菜肴风味的主要因素，它是由菜肴的机械特性、几何特性、触感特性组成的，与菜肴的温度、大小、形状、各成分的含量，特别是大分子物质的含量和种类等有关。近代食品科学按硬度、脆度、耐嚼性、胶弹性、黏着性和黏性等几个方面，对食品质感进行评价。

二、调质的方法

根据具体原理和作用的不同,调质技术一般可分为致嫩技术、膨松技术、增稠技术等。

1. 致嫩技术

致嫩技术是指在烹饪原料中添加某些化学物质或施以适当的机械力作用,使原料原先的生物结构组织疏松,持水性提高,从而导致其质构发生变化,表现出柔嫩特征的一项技术。

(1)物理致嫩。即对烹饪原料施以适当机械力作用而致嫩的方法,如敲击、切割、刀斩、超声振动分离和断裂肉类纤维等。

(2)无机化学物质致嫩。即在食物原料中添加某些无机化学物质而致嫩的方法,如食碱致嫩、食盐致嫩、水致嫩等。

(3)酶致嫩。即在烹饪原料中添加某些酶类制剂而致嫩的方法。餐饮业常把一些蛋白酶类制剂称为嫩肉粉,常见的有菠萝蛋白酶、无花果蛋白酶、木瓜蛋白酶、猕猴桃蛋白酶、生姜蛋白酶等。

(4)添加持水性强的其他原料致嫩。

1)淀粉致嫩:原料上浆和制蓉泥制品时需要加入适量的淀粉,淀粉受热发生糊化,可连接水分和原料,从而达到致嫩的目的。

2)蛋清致嫩:原料上浆常用蛋清。鸡蛋清富含可溶性蛋白质,是一种蛋白质溶胶,受热时成为凝胶,可阻止原料中水分等物质的流失,使原料能保持良好的嫩度。

3)油脂致嫩:油脂具有很好的润滑、保水、保原作用,上浆时放入适量的油脂,能保持或增加原料的嫩度。

2. 膨松技术

膨松技术是指采用各种手段和方法,在烹饪原料中引入气体,使其组织膨胀成孔洞结构的过程。如干料涨发中的油发和盐发,以及一些糊的调制等。

3. 增稠技术

增稠技术是指在烹调过程中添加某些物质,以形成菜肴需要的稠度、黏度、黏附力、稳定乳化等性能和各种形状的过程。增稠方法主要包括勾芡增稠、琼脂增稠、动物胶质增稠、酱汁增稠等。

三、调质技术的基本原则

1. 充分了解原料的质构特点。
2. 合理调控菜肴质地。
3. 注意保留原料的营养价值。

培训课程 3

菜品制作

学习单元 1　中餐菜品制作

中餐菜品制作的主要体现是烹调方法。中餐烹调方法很多，其中热菜常用的烹调方法主要有：炸、炒、熘、爆、煎、烧、扒、焖、炖、烩、氽、煮、蒸、烤、拔丝等。冷菜烹调方法常用的有：拌、炝、腌、卤、酱、冻等。

一、炸

按成品质感不同可分为：干炸、软炸、酥炸、脆炸、松炸。按原料表层处理不同可分为：清炸、挂糊炸、拍粉炸、卷包炸。

1. 干炸

（1）概念：干炸是指将经刀工处理后的原料，用调味品腌制后，经拍粉或挂硬糊（水粉糊）入油锅炸制成熟的一种烹调方法。

（2）成品特点：干香味浓，外酥里嫩，色泽金黄。

2. 软炸

（1）概念：软炸是指将经过刀工处理后的质嫩形小的原料，码味后挂软糊（蛋清糊）入油锅炸制成熟的一种烹调方法。

（2）成品特点：色泽金黄（或浅黄）、外酥里嫩，口味清香。

3. 酥炸

（1）概念：酥炸是指将加工好的原料挂酥炸糊炸制，或将加工好的原料经蒸、卤后，直接或挂糊炸制成熟的烹调方法。

（2）成品特点：色泽金黄或深黄、十分酥脆、香味浓郁。

4. 脆炸

（1）概念：广义的脆炸包括两种，一是脆糊炸，是指将加工处理后的原料，腌制后挂脆皮糊炸制成熟的烹调方法；二是脆皮炸，是指将加工处理后的原料焯水趁热涂抹饴糖（或蜂蜜）晾干后炸制成熟的烹调方法。

（2）成品特点：脆糊炸，色泽金黄、外脆里鲜、光润饱满；脆皮炸，色泽枣红、外脆里鲜。

5. 松炸

（1）概念：松炸是指将质嫩形小的原料挂蛋泡糊后，放入低温的油中浸炸成熟的烹调方法。

（2）成品特点：蓬松饱满、口感松嫩、色泽嫩黄。

6. 清炸

（1）概念：清炸是指将经过刀工处理后的原料，不挂糊、不上浆，只用调味品码味腌制后，直接用旺火热油加热成熟的烹调方法。

（2）成品特点：外脆里嫩、口味清香、突出本味。

7. 卷包炸

（1）概念：卷包炸是指将加工成丝、条、片或粒、泥状的原料，码味后用包卷皮包或卷起，入油锅炸制成熟的烹调方法。

（2）成品特点：外酥脆、里鲜嫩、色泽金黄、鲜香可口。

二、炒

按炒制的原料是否经过热处理可分为生炒和熟炒。按成菜的质感特点可分为滑炒、干炒、软炒。

1. 生炒

（1）概念：生炒是指将原料加工成型，直接用旺火热油快速翻拌、调味成熟的烹调方法。

（2）成品特点：口味咸鲜、质地脆嫩。

2. 熟炒

（1）概念：熟炒是指原料经初步热处理（焯水、水煮、酱、卤、蒸等）后切配成型，不上浆、不码味腌渍，用中火热油，加调配料，炒制成熟的方法。

（2）成品特点：质地柔韧、软烂，口味咸鲜爽口、醇香浓厚。

3. 滑炒

（1）概念：滑炒是指将加工好的小形状的原料，上浆滑油后，急火快炒成熟的烹调方法。

（2）成品特点：柔软滑嫩，汁紧油亮。

4. 干炒

（1）概念：干炒又称干煸，是指用少量热油把原料内部水分煸干（或炸干），再另起锅加入调味料和主料，煸炒成熟的烹调方法。

（2）成品特点：色泽多为深红，口味鲜咸略带麻辣，干香酥脆，不带汤汁。

5. 软炒

（1）概念：软炒是指将原料加工成流体、泥状、颗粒状等半成品，与调味品、鸡蛋、淀粉等调成泥状或半流体，用中小火热油迅速翻炒，或滑油后再炒制成熟的烹调方法。

（2）成品特点：成菜无汁，形似半凝固状，口味以咸鲜、甜香为主，质地细嫩滑软或酥香油润。

三、熘

熘按其质感可划分为炸熘、滑熘、软熘。

1. 炸熘

（1）概念：炸熘是指将原料加工成型，码味炸制后再浇淋或粘裹芡汁的烹调方法。

（2）成品特点：色泽艳丽，口味咸鲜、酸甜居多，质感外焦香酥脆、里鲜嫩可口。

2. 滑熘

（1）概念：滑熘是指将原料切配成型，上浆滑油后熘制，烹入芡汁成菜的烹调方法。

（2）成品特点：明汁亮芡、质感滑嫩、鲜香清淡。

3. 软熘

（1）概念：软熘是指将质地软嫩的原料经过刀工处理后，用蒸、煮或氽等方法加热至熟，再用芡汁熘制的烹调方法。

（2）成品特点：口味清淡鲜香，质感软嫩。

四、爆

根据主要调、配料和成菜口味的不同,爆可以分为油爆、芫爆、酱爆、葱爆、宫爆等。

1. 油爆

(1)概念:油爆是指将动物性的脆性原料加工成型,经水焯后油炸,再在油锅中旺火速成的烹调方法。

(2)成品特点:芡包主料油包芡,食后盘内无芡汁仅有少许底油,主料为本色,口味以咸鲜为主,食之脆嫩、清淡、不腻。

2. 芫爆

(1)概念:芫爆是指以芫荽(香菜)为主要配料,爆制成菜的烹调方法。

(2)成品特点:以主料的本色为主,辅以香菜为配料,咸鲜清淡,有浓郁的芫荽香味。

3. 酱爆

(1)概念:酱爆是指以炒熟的甜面酱(黄酱或辣酱)爆炒主料、配料的一种烹调方法。

(2)成品特点:色泽深红,油光闪亮,质地脆嫩,酱香味浓郁。

五、煎

1. 概念

煎是指将加工处理后的扁平状原料放入少量油的锅中,中小火加热,通过转勺、翻勺,使原料两面金黄、外酥脆、里鲜嫩的一种烹调方法。

2. 成品特点

两面色泽金黄,外酥脆,里软嫩。

六、烧

根据菜品颜色和口味不同,烧可以分为红烧、白烧、干烧等。

1. 红烧

(1)概念:红烧是指将初热处理后的原料放入鲜汤中,旺火烧沸,加入调味料后,改用中小火烧至熟软、汁稠,勾芡(有的不勾芡)成菜的烹调方法。

(2)成品特点:色泽红亮,质地软嫩,汁浓味厚。

2. 白烧

（1）概念：白烧是指成菜芡汁为白色的一种烹调方法，烧制过程中不加有色调味品。

（2）成品特点：色白素雅，质感鲜嫩。

3. 干烧

（1）概念：干烧是指在烧制过程中，用中小火将汤汁基本收干，使汤汁渗入原料内部，或粘附原料表面的烹调方法。

（2）成品特点：颜色较深，亮油紧汁，爽口不腻。

七、扒

根据菜品颜色不同，扒可以分为红扒、白扒等。

1. 红扒

（1）概念：红扒是指原料在扒制过程中加入有色调味品，使成菜芡汁呈红色，突出酱油的滋味和颜色。多选用色重（海参）、味厚（鸡肉、鸭肉、猪肉）的原料。

（2）成品特点：色泽红亮，汁浓味厚。

2. 白扒

（1）概念：白扒是指原料在扒制过程中不加有色调味品，调味以盐为主，成品芡汁白而明亮。原料以色淡清爽的鱼肚、猴头菇、鱿鱼及各种时令蔬菜为主。

（2）成品特点：色白且亮，质嫩软烂，整齐美观。

八、焖

根据菜品颜色和口味的不同，焖可以分为红焖、黄焖、油焖等。

1. 红焖

（1）概念：红焖是指以酱油、面酱或辣酱为主要调味品，焖制后菜肴呈深红色的一种烹调方法。

（2）成品特点：颜色深红，汁浓味醇，质地酥烂。

2. 黄焖

（1）概念：黄焖是指以酱油、糖为主要调味品，焖制后菜肴呈黄色的一种烹调方法。

(2)成品特点：色泽浅黄，醇厚鲜香。

3. 油焖

（1）概念：油焖是指将原料经过煸炒后添汤、调味、焖制，成品色泽油亮的烹调方法。

（2）成品特点：色泽油亮，咸鲜清香。

九、炖

根据加热方式不同，炖可以分为隔水炖、水中炖。

1. 隔水炖

（1）概念：隔水炖是指将加工后的原料放入器皿内，隔水加热成熟的烹调方法。

（2）成品特点：汤清味醇，原汁原味。

2. 水中炖

（1）概念：水中炖是指将加工后的原料放入陶制的器皿中，加水和调味品后，旺火烧开，再改中小火加热成熟的烹调方法。

（2）成品特点：质地熟烂，汤汁清醇，原汁原味。

（3）菜品举例：清炖蟹粉狮子头。

十、烩

1. 概念

烩是指将几种初热处理后的鲜嫩、小形状的原料，入锅加汤及调味品，中火短时间加热至成熟入味，勾以薄芡，使成品汤汁较宽的一种烹调方法。

2. 成品特点

用料多样，菜汁合一，色泽鲜艳，清淡鲜香，滑腻爽口。

十一、氽

1. 概念

氽是指以水或鲜汤为传热介质，旺火速成的烹制汤菜的烹调方法。

2. 成品特点

汤多而清鲜，细腻、爽口。

十二、煮

1. 概念

煮是指将原料初热处理后，放入汤中，旺火烧开后，中小火煮熟的烹调方法。

2. 成品特点

汤宽汁浓，汤菜合一，口味清鲜。

十三、蒸

根据蒸制前处理手法的不同，蒸可以分为清蒸和粉蒸。

1. 清蒸

（1）概念：清蒸是指将精细加工的原料，用调味品腌制入味后，加配料和鲜汤上锅蒸熟的烹调方法。

（2）成品特点：汤汁颜色较浅，口味咸鲜清淡，质地松软细嫩。

2. 粉蒸

（1）概念：粉蒸是指将原料加工切配后，用调味品腌制入味，再加入适量的米粉拌匀后，上锅蒸熟的烹调方法。

（2）成品特点：色泽金红或黄亮，油润醇香，软烂适口。

十四、烤

根据烤炉设置及操作方法的不同，烤可分为暗炉烤、明炉烤。

1. 暗炉烤

（1）概念：暗炉烤是指将原料置于封闭炉内的烤钩、烤叉或烤盘上烘烤至熟的烹调方法。一般成品不带卤汁的用烤钩、烤叉，带卤汁的用烤盘。此法的优点是：温度较稳定，原料受热均匀，易熟透，用时较短。

（2）成品特点：色泽金黄，表皮酥脆，内里软嫩。

2. 明炉烤

（1）概念：明炉烤是指将原料用烤叉叉好，在敞口的火炉、火盆或烤盘上反复烤至熟透的烹调方法。此法的优点是：方便操作，火候容易掌握。缺点是：火力分散，所需烤制的时间较长。

（2）成品特点：色泽鲜艳，酥润鲜香。

十五、拔丝

1. 概念

拔丝是指将经过油炸的小形状原料,粘裹上用白糖熬制的糖浆,用筷子夹起能拔出丝的一种烹调方法。

2. 成品特点

呈琥珀色,晶莹明亮,外脆里嫩,口味香甜。

学习单元2 西餐菜品制作

西餐的烹调方法很多,主要有炸、煎、炒、温煮、沸煮、烩、焖、烤、铁扒、蒸等。

一、炸

1. 概念

炸是指把加工成型的原料经调味并裹上保护层后,放入油锅中(让油浸没原料),加热至成熟并上色的烹调方法。

2. 炸的类型

清炸、面包粉炸、挂糊炸。

3. 适用范围

适宜制作粗纤维少、质地脆嫩、易成熟的原料,如嫩的畜肉、禽肉、鱼、虾、蔬菜等。

二、煎

1. 概念

煎是指把加工成型的原料经腌渍入味后,用少量的油加热至上色,并达到规定火候的烹调方法。

2. 煎的种类

清煎、蘸面粉煎、蘸面包粉煎。

3. 适用范围

适宜制作质优、鲜嫩的肉类（如牛里脊、外脊、猪排、鸡胸肉）、鱼柳、小型的整鱼、鸡蛋及某些蔬菜等。

三、炒

1. 概念

炒是指把加工成型的原料，用少量的油，在较高的温度下、较短的时间内加热成熟的烹调方法。

2. 炒的种类

（中国式）煸炒、（法式）炒、嫩煎。

3. 适用范围

适宜制作蔬菜、质地鲜嫩的肉类，如里脊、外脊、鸡胸肉等。

四、温煮

1. 概念

温煮又称低温煮，是指把加工成型的原料放入水或基础汤中，用低于沸点的温度将原料加热至成熟的烹调方法。

2. 温煮的种类

浅层温煮、深层温煮。

3. 适用范围

适宜制作质地鲜嫩、粗纤维少、水分充足的原料，如鸡蛋、鱼、虾、嫩鸡等。

五、沸煮

1. 概念

沸煮是指把加工成型的原料放入水或基础汤中加热至沸腾，再用小火保持微沸，将原料加热至成熟的烹调方法。

2. 沸煮的种类

冷水下锅、沸水下锅。

3. 适用范围

沸煮的适用范围很广，禽类、鱼类、豆类、蛋类、蔬菜等均可使用此种方法制作。

六、烩

1. 概念

烩是指把加工成型的原料放入用原料自身原汁调成的浓少司内,加热至成熟的烹调方法。

2. 烩的种类

白烩、红烩、黄烩、混合烩。

3. 适用范围

烩的适用范围较广,各种植物性原料及肉类、禽类等动物性原料均可。

七、焖

1. 概念

焖是指把加工成型并经初步热加工的原料放入装有少量基础汤的密封容器内,加上盖,在烤箱内加热,使原料成熟的烹调方法。

2. 适用范围

焖的适用范围较广,既适宜制作质地鲜嫩的原料,也适宜制作结缔组织较多、肉质较老的原料。

八、烤

1. 概念

烤是指把加工成型、调味抹油的原料放入封闭的烤炉中,利用高温热空气和油脂的导热作用,对原料进行加热上色,并达到规定成熟度的烹调方法。

2. 适用范围

烤的适用范围较广,适宜制作形状较大的畜肉类、禽类及一些蔬菜原料和面点制品。

九、铁扒

1. 概念

铁扒是指把加工成型并经调味抹油的原料放在扒炉上,利用高度的辐射热和空间热量,对原料进行快速加热并达到规定火候的烹调方法。

2. 适用范围

适宜制作质地鲜嫩和优质的畜肉类、小型的鱼类、小型的家禽以及蔬菜等原料。

十、蒸

1. 概念

蒸是指把加工成型的原料经调味后，放入可耐受一定压力的容器内，利用蒸气使原料成熟的烹调方法。

2. 蒸的种类

直接蒸、间接蒸。

3. 适用范围

适宜制作质地鲜嫩、水分充足的鱼类、禽类等原料。

学习单元 3 中餐宴席制作

一、中餐宴席准备

1. 制定宴席菜单

宴席菜单制定格式主要有提纲式和表格式两种。提纲式是最常用的一种菜单书写格式，它是根据宴席的规格和宾客的要求，按照基本的上菜程序，分门别类写上菜名。表格式是以表格的形式，将菜肴的名称、用料、味型、色泽、上菜顺序、刀工成形、烹调方法等都一一列出。

2. 准备宴席原料

根据已制定的宴席菜单准备宴席原料。准备的方式有两种：一种是超前准备，如干货原料、调味原料、可冷冻和冷藏的原料等，可以提前采购并在验收后入库保存；另一种是按规定的时间即时采购，如新鲜的蔬菜和鲜活的动物性原料，在使用前规定的时间内采购即可。

3. 准备设备和工具

检查烹制设备（如火炉、蒸锅、油锅、炖锅等）是否完好，热源是否充足；检查所需工具是否备齐备足；检查各种盛器是否准备到位。

4. 明确人员分工

根据部门技术力量的情况，组织好人员分工，每个环节要有专人负责，并做好每个环节之间的衔接工作，使各项工作能有条不紊地顺利进行。

二、中餐宴席菜品配置

中餐宴席菜品配置有相对固定的格式。冷菜最为常用的是造型精美、小巧玲珑的"单碟"，有"龙头"之说，可起到先声夺人的作用；热炒大菜是宴席最精彩的部分，内容丰富，有"象肚"之说，使人能明显感觉到宴席的档次和规格；饭点菜果则是锦上添花，如"凤尾"般绚丽多姿。中餐宴席菜品配置时，需要注意的是，要在宴席菜点中突出热菜，在热菜中突出大菜，在大菜中突出头菜。宴席菜点的配置也必须富于变化、有节奏感，要注意荤素、咸甜、浓淡、酥软、干稀的搭配，相辅相成，浑然一体。

1. 冷菜

冷菜又称冷盘、凉菜等，是相对于热菜而言的。形式有单盘、双拼、三拼、什锦拼盘或者花拼带围碟等，其特点是刀工精细、造型优美、荤素兼备、质优味美。

（1）单盘。一般使用直径为16～23厘米的圆盘（或条盘）盛装冷菜，每盘只装一种冷菜，每桌宴席根据宴会规格设六单盘或八单盘等，其装盘造型有扇形、风车形、拱桥形、馒头形、条形、菱形等。各单盘之间，交错变换，用料、技法、色泽和口味皆不重复。单盘是目前中餐宴席中最常见且最实用的冷菜形式。

（2）拼盘。每盘由两种物料组成称"双拼"，由三种物料组成称"三拼"，由六种物料组成称"什锦拼盘"。

（3）主盘加围碟。这种形式多见于中、高档宴席。围碟即单盘，是主盘的陪衬，以形成众星捧月之势，每盘菜量一般为100克左右。主盘主要采用花式冷拼，即运用一定的刀工技术和拼摆造型艺术，在盘中拼摆出花鸟、山水、建筑、器物等图案。花式冷拼一般都要符合宴席主题，如婚宴多用"鸳鸯戏水"，寿宴常用"松鹤延年"，迎宾宴多用"孔雀开屏"等。

2. 热菜

热菜一般由热炒、大菜组成，它们属于宴席整套菜点的"躯干"，质量要求较高。

（1）热炒。排在冷菜后、大菜前，起到承前启后的作用，一般为4～6道。

热炒原料多用鲜鱼、畜禽或蛋奶、果蔬,主要取其质地脆鲜嫩的部位,加工成丁、丝、片或者剞上花刀,采用炸、熘、爆、炒等技法烹制而成。可以连续上席,也可以间隔在大菜中穿插上席。一般是质优者先上,突出名贵物料;清淡者先上,浓厚者后上,防止口味的互相压抑。

(2)大菜。又称主菜,是宴席中的主要菜点,根据宴席的档次和需要确定数量。其成本占宴席总成本的50%~60%,有着举足轻重的地位和作用。大菜原料多为山珍海味或鸡鸭鱼肉的精华部位,一般是用整件(如全鸡、全鸭、全鱼)原料或大件原料拼盘(如10只翅膀、12只鹌鹑)。将原料置于大型餐具(如大盘、大盆、大碗)中,菜式丰满、高端、大气。烹制方法主要是烧、扒、炖、焖、烤、蒸、烩等,需经过多道工序,持续较长时间方能制成。成品要求或香酥、或鲜嫩、或软烂,在质与量上都超出其他菜点。大菜一般讲究造型,名贵菜肴多采用"各客"的形式上席,可以随带点心、味碟,具有一定的气势,上菜有一定的程序,菜名也较讲究。

3. 面点

面点是以米、面、豆、薯等为主料,肉品、蛋奶、蔬果等做辅料,通过一定工序制成的食品。宴席上面点是协助冷菜和热菜,补充以糖类为主的营养素,使宴席菜品的营养结构更平衡。宴席面点的特色是注重款式和档次,讲究造型和配器,玲珑精巧,既要有食用价值,也要有观赏价值。宴席面点通常安排2~4道,随大菜、汤品一起编入菜单中。

4. 水果

宴席选配水果多用新鲜的时令水果,上席之前,多对水果进行刀工处理,摆成果盘,可起到画龙点睛、锦上添花的作用。

三、宴席菜品配置的原则

1. 因人配菜

宴席菜肴组配时,应考虑人的因素。要提前了解宾客的国籍、民族、宗教、职业、年龄、性别、体质、嗜好和忌讳等,并依此灵活掌握,确定菜的品种。重点考虑主宾,同时兼顾其他宾客。

2. 因时配菜

宴席菜肴要与季节相适应,要根据季节的变化更换菜品的内容,特别是要配备各种时令菜品,使宴席富有生机。因时配菜具体体现在选料、配菜、口味、质地、盛装器皿等方面。

3. 因价配菜

宴席的价格决定了其档次，配菜时应遵照质价相符的原则，确定宴席菜肴的质量和数量。

4. 多样统一

宴席菜肴要一菜一格、百菜百味，是多种菜品的有机统一。首先要原料多样化，加工方法多样化，预热处理多样化，菜品感官多样化（色彩、造型、香味、味道、质地等）；其次要注意整桌宴席及每盘菜肴色、香、味、形、质、器的配合。

5. 膳食平衡

宴席提供的是一餐的膳食，所以膳食平衡的原则必须落实到宴席菜肴的组配中。宴席菜肴的营养结构要合理，荤素比例要恰当，酸碱应平衡，数量要适当，并控制宴席菜肴的脂肪含量。

培训课程 4

中国八大菜系及饮食文化

学习单元 1　中国八大菜系

菜系是指在一定区域内，由于气候、地理、历史、物产及饮食风俗的不同，经长期演变而形成的一整套自成体系的烹饪技艺和风味，并为社会所公认的中国饮食菜肴流派。

一、菜系形成的因素

1. 地域、气候与物产的影响

地理环境和气候的差异，导致出产的原料品种和品质有很大的不同，这是形成地方流派的先决条件。例如，苏、浙、闽、粤等沿海地区盛产鱼虾，故擅长烹制水产海鲜；湘、鄂、徽、川、陕等内陆地区禽畜丰富，对家禽野味的烹制极为讲究；东北、西北、华北地区的畜牧业发达，牛、羊肉是制作菜肴的主要原料。同时不同的环境和气候，也影响了不同地区人们的口味和饮食习惯。例如，中国北方寒冷，菜肴以浓厚、咸味为主；中国华东地区气候温和，菜肴则以甜味和咸味为主；中国西南地区多雨、潮湿，菜肴多以麻辣为主。

2. 政治、经济与文化的影响

菜系的形成与政治、经济、文化的关系十分密切。例如，扬州在隋唐时期就是交通枢纽、盐运的集散地，商人和大量名厨云集此地，推动了该地域淮扬风味流派的形成。清代，扬州的经济、交通、文化都相当发达，是淮扬菜发展的又一个顶峰，奠定了淮扬菜成为全国主要菜系的基础。广东菜系的形成主要是在鸦片战争后，国门大开，欧美各国传教士和商人纷至沓来，西餐技艺随之传入。20 世纪30年代时期，广州街头已是万商云集、市肆兴隆，促使粤菜兼收并蓄，得到迅猛发展。

3. 民俗、宗教与信仰的影响

中国地广人多，素有"百里不同风，千里不同俗"之说。不同的风俗及人们的嗜好反映在饮食习俗方面尤为明显。中国又是一个多民族、多宗教的国家，因人们宗教信仰的不同，其饮食风俗也相应受到一定的影响。

4. 技法、传承与喜爱的影响

各地烹饪方法大不相同，形成了不同的菜肴特色。例如，鲁菜擅长爆、炒、扒、熘、拔丝等；苏菜擅长炖、蒸、烧等；川菜擅长小煎、小炒、干煸、干烧等；粤菜擅长烤、焗、炒、炖、蒸等。中华民族是一个重历史、重家族、重传统的民族，讲究世代传承，每个地区的居民对自己的饮食习俗不但怀有深厚的感情，而且极为敏感。固定的生活方式和饮食习惯，使得各地区的饮食特征具有一定的稳定性和历史传承性。

二、中国主要菜系

鲁菜、川菜、粤菜、苏菜、湘菜、徽菜、闽菜、浙菜构成中国传统饮食的八大菜系。

1. 鲁菜

八大菜系之首当推鲁菜，它起源于山东的齐鲁风味，是历史最悠久、技法最丰富、难度最高、最见功力的菜系。鲁菜讲究原料质地优良，以海鲜、北方冷水鱼和禽畜为主，调味讲求咸鲜纯正，突出本味，善用面酱，葱香突出。特别重视火候，有"火功在山东"之说，突出的烹调方法有爆、扒、拔丝等，尤其是爆、扒素为世人所称道。鲁菜精于制汤，善于用汤，以汤为百鲜之源。鲁菜善烹海味，对海珍品和小海味的烹制堪称一绝。鲁菜具体可分为：

（1）以济南菜为代表的齐鲁风味，在山东北部、北京、天津、河北等地区盛行。齐鲁风味以清香、鲜嫩、味纯著称，一菜一味，百菜不重。尤重制汤，清汤、奶汤的使用及熬制都有严格规定，菜品以清鲜脆嫩著称。

（2）以烟台、福山菜为代表的胶东风味，流行于胶东、辽东等地。胶辽菜起源于福山、烟台、青岛，以烹饪海鲜见长，口味以咸鲜清淡为主，质感或脆或嫩。

（3）以曲阜菜为代表的孔府风味，流行于山东西南部和河南等地区。孔府菜有"食不厌精，脍不厌细"的特色，其用料之精广、宴席之丰盛，堪与古代的宫廷御膳相媲美。

鲁菜的著名菜品有一品豆腐、葱烧海参、德州扒鸡、糖醋黄河鲤鱼、九转大肠、油爆双脆、扒原壳鲍鱼、燠大虾、醋椒鱼、糟熘鱼片、油爆乌鱼花、芫爆肚丝、烩乌鱼蛋、拔丝苹果等。

2. 川菜

川菜以家常菜为主，取材广泛，多选山珍、江鲜、野蔬和畜禽。调味多变，又富有特色，尤其以号称"三椒"的花椒、胡椒、辣椒和号称"三香"的葱、姜、蒜，以及醋、郫县豆瓣酱的使用最为频繁，远非其他菜系能相比。川菜擅长炒、滑、熘、爆、煸、炸、煮、煨等，尤其是小煎、小炒、干煸和干烧有其独到之处。川菜有"七滋八味"之说，"七滋"指甜、酸、麻、辣、苦、香、咸；"八味"指鱼香、酸辣、椒麻、怪味、麻辣、红油、姜汁、家常。川菜以其别具一格的烹调方法和浓郁的地方风味而享誉中外，国际烹饪界有"食在中国，味在四川"之说。川菜具体可分为：

（1）上河帮川菜，即以成都、乐山为中心地区的蓉派川菜，讲求用料精细准确，严格以传统经典菜谱为准，其味温和，绵香悠长，同时集中了川菜中的宫廷菜、公馆菜等高档菜，通常颇具典故，精致细腻，多为流传久远的传统川菜。

（2）小河帮川菜，即以自贡为中心地区的盐帮菜，同时包括宜宾菜、泸州菜和内江菜，其特点是大气、怪异、高端。

（3）下河帮川菜，即以重庆江湖菜、万州大碗菜为代表的重庆菜。其特点是大方粗犷，以花样翻新迅速、用料大胆、不拘泥于材料著称。

川菜的著名菜品有干烧岩鲤、回锅肉、鱼香肉丝、怪味鸡、宫保鸡丁、粉蒸牛肉、麻婆豆腐、毛肚火锅、干煸牛肉丝、夫妻肺片、灯影牛肉等。

3. 粤菜

粤菜取百家之长，用料广博。粤菜讲究原料的季节性，还特别注重选择原料的最佳部位。粤菜烹调方法众多，有蒸、炒、煎、焗、焖、炸、煲、炖、扣等，讲究火候，尤重"镬气"和现炒现吃，菜肴以清、鲜、嫩、爽为主，讲究清而不淡，鲜而不俗，嫩而不生，油而不腻。粤菜具体可分为：

（1）广府菜，包括珠江三角洲和肇庆、韶关、湛江等地，擅长小炒，火候和油温的掌握恰到好处，兼容了许多西方菜的做法，讲究菜的气势、档次，而且随季节的变化而变化，夏秋偏重清淡，冬春偏重浓郁。

（2）客家菜，起源于广东东江一带的客家人聚居地区，菜品多用肉类，极少用水产，主料突出，讲究香浓，下油重，味偏咸，以砂锅菜见长，有独特的乡土风味。

（3）潮州菜，发源于潮汕地区，以烹制海鲜见长，汤类、素菜、甜菜最具特色。喜用鱼露、沙茶酱、姜酒等调味品，甜菜较多，款式百种以上，都是粗料细作，香甜可口。潮州菜喜摆十二款，上菜次序喜头、尾用甜菜，下半席上咸点心。

粤菜的著名菜品有阿一鲍鱼、广州文昌鸡、脆皮乳猪、清蒸东星斑、挂炉烧鹅、潮州卤味、白切鸡、红烧乳鸽、蜜汁叉烧、上汤焗龙虾、鲍汁扣辽参、白灼象拔蚌、麒麟鲈鱼、蒜香骨、白灼虾等。

4. 苏菜

苏菜用料广泛，刀工精致细腻，刀法多变精妙，讲究造型，有"江苏厨艺美在刀"的定评。苏菜重视火候，烹调方法多样，擅长炖、焖、煨、焐、烤，追求本味，清鲜平和；咸中带甜，浓中带淡，鲜香酥烂，原汁原汤，浓而不腻，口味淡雅。苏菜具体可分为：

（1）金陵菜，以南京菜为代表，制作精细，口味平和。善用蔬菜，以"金陵三草"（菊花涝、枸杞头、马兰头）和"早春四野"（芥菜、马兰头、芦蒿、野蒜）驰名。

（2）淮扬菜，"淮"即淮菜，流行于以淮安一带为代表的淮河流域；"扬"即扬菜，流行于以扬州一带为代表的长江流域。淮扬菜讲究选料和刀工，擅长制汤。

（3）苏锡菜，流行于苏州、无锡和常熟一带，常用酒糟调味，擅长烹制各类水产。

5. 湘菜

湘菜擅长调味，口味多变，品种繁多，重视原料的互相搭配，滋味的互相渗透，调味多以酸辣为主；色泽上油重色浓，讲求实惠；品味上注重香辣、香鲜、软嫩；烹调方法上以煨、炖、腊、蒸、烧等见称，以小炒、滑溜、清蒸、红蒸（即加辣椒蒸）见长；味浓色重，咸香酸辣，油润醇和，姜豉突出。最大特色是辣和腊。湘菜具体可分为：

（1）湘江流域以长沙、衡阳、湘潭为中心的湘菜是主要代表，其特色是油重色浓，注重鲜香、酸辣、软嫩风味，尤以煨菜和腊菜著称。

（2）洞庭湖区以烹制河鲜和家禽、家畜见长，特点是芡大油厚，咸辣香糯，以炖菜、烧菜、蒸菜出名。

（3）湘西山区擅长烹制山珍野味、烟熏腊肉和各种腌肉、风干鸡，口味侧重咸、香、酸、辣，具有浓厚的山乡风味。

湘菜的著名菜品有东安子鸡、剁椒鱼头、腊味合蒸、冰糖湘莲、红椒腊牛肉、发丝牛百叶、浏阳蒸菜、干锅牛肚、毛家火焙鱼、平江酱干、湘西酸肉、湘西外婆菜等。

6. 徽菜

徽菜的原料以山珍野味、河鲜家禽为主，多就地取材，以鲜取胜。徽菜的原料十分注重天然，以食养身。徽菜善用火候，精于烧炖、烟熏和糖调，讲究"慢工出细活"，历来有"吃徽菜，要能等"的说法；色泽上油重色浓，品味上注重香辣、香鲜、软嫩、咸鲜微甜、原汁原味，常用茶叶制菜、火腿佐味、冰糖提鲜、芫荽和辣椒配色；制法上以煨、炖、腊、蒸、炒等见称。徽菜的菜式质朴，筵宴简洁，受徽州古文化和徽商气质影响较大，古朴、凝重、厚实。徽菜具体可分为：

（1）皖江菜，主要特点是咸鲜微甜、酥嫩清爽，擅长红烧、清蒸和烟熏，以烹调河鲜、家禽见长，讲究刀工，注重形色，擅长用糖调味。

（2）皖北菜，主要特点是咸鲜微辣、酥脆醇厚。

（3）合肥菜，擅长用咸货出鲜，酱料附味。

（4）淮南菜，以豆腐菜肴品种繁多而出名。豆腐宴有"白如玉、细如脂、嫩如肤、浓如酪"的美誉。

徽菜的著名菜品有火腿炖甲鱼、黄山炖鸽、清蒸石鸡、腌鲜鳜鱼、蒸香菇盒、问政山笋、虎皮毛豆腐、板栗香菇、杨梅丸子、双脆锅巴、徽州圆子、蛏干烧肉、青螺炖鸭、方腊鱼等。

7. 闽菜

闽菜以烹制山珍海味而著称，选料精细，十分注重刀功，有"剖花如荔、切丝如发、片薄如纸"的美誉。闽菜力求保持原汁原味，有甜而不腻、淡而不薄的盛名。闽菜讲究火候、调汤、佐料，在色、香、味、形俱佳的基础上，尤以香、味见长，有清鲜、和醇、荤香、不腻的风格特色。故此，闽菜有三大特色，即长于红糟调味、长于制汤、长于使用糖醋。闽菜具体可分为：

（1）福州菜，擅长烹制各类山珍海味，刀工严谨，讲究火候，淡爽清鲜，注重调汤，善用汤提鲜，喜用佐料，口味多变。

（2）闽南菜，善用佐料调味，常用辣椒酱、沙茶酱、芥末酱等调料。重鲜香，具有清鲜爽淡的特色。

（3）闽西菜，以客家菜为主，多以山区特有的奇味异品作为原料，偏重咸辣，烹制多为山珍，特显山乡风味，有多汤、清淡、滋补的特点。

闽菜的著名菜品有佛跳墙、荔枝肉、鸡汤氽海蚌、醉糟鸡、白斩河田鸡、蚵仔煎、岚谷熏鹅、半月沉江、淡糟香螺片、醉排骨等。

8. 浙菜

浙菜的选料讲究品种和时令，所用海鲜、果蔬之品，无不以时令为上，所用家禽、畜类，均以特产为多，充分体现了浙菜遵循"四时之序"的选料原则。浙菜以烹调技法丰富多彩而闻名，擅长炒、炸、烩、熘、蒸、烧等，因料施技，注重清鲜滑嫩、脆软清爽，保持原料的本色和真味。菜品口味醇正、鲜嫩、细腻、典雅，咸鲜合一，轻油、轻浆、轻糖，香糯、软滑，有鱼米之乡的风情。浙菜具体可分为：

（1）杭州菜，重视原料的鲜、活、嫩，以鱼、虾、禽、畜、时令蔬菜为主，讲究刀工，口味清鲜，突出本味。其制作精细、变化多样，并喜欢以风景名胜来命名菜肴。烹调方法以爆、炒、烩、炸为主，清鲜爽脆。

（2）宁波菜，咸鲜合一，以烹制海鲜见长，重原味，强调入味。以炒、蒸、烧、炖、腌制见长，讲求鲜嫩软滑，注重大汤大水，保持原汁原味。

（3）绍兴菜，以河鲜及家禽、豆类为烹调主料，注重香酥绵糯、原汤原汁、轻油忌辣、汁味浓重，而且常用鲜料配以腌腊食品同蒸同炖，配上绍兴黄酒，醇香甘甜，回味无穷，具有乡土风味。

（4）温州菜，也称"瓯菜"，以海鲜入馔为主，口味清鲜，淡而不薄，烹调讲究"二轻一重"，即轻油、轻芡、重刀工，自成一体，别具一格。

浙菜的著名菜品有西湖醋鱼、东坡肉、赛蟹羹、干炸响铃、荷叶粉蒸肉、西湖莼菜汤、龙井虾仁、杭州酱鸭、干菜焖肉、蛤蜊黄鱼羹、叫化童鸡、香酥焖肉、丝瓜卤蒸黄鱼、三丝拌蛏、油焖春笋、虾爆鳝背、雪菜大汤黄鱼、冰糖甲鱼等。

学习单元 2　中国饮食文化

中国饮食文化历史悠久，博大精深，是中国传统文化的瑰宝，主要包括饮食养生文化、饮酌文化、食俗文化等。

一、饮食养生文化

中国人历来讲究饮食养生,"五谷为养,五果为助,五畜为益,五菜为充"是古人总结的膳食平衡理论,具体解释为人的身体要靠五谷杂粮来养育,以鱼肉禽蛋增加营养,弥补蛋白质和脂肪的不足,各种鲜果和干果佐助五谷,平衡膳食,各种蔬菜能够充实人体所需的维生素和膳食纤维。中国饮食养生理论包括以下原则。

1. 食医合一

我们的先人在饮食实践过程中注意到日常食用的原料中,有一些具有疗疾功能。人们在饮食过程中既可以获取营养又有可能医病,形成了具有中国特色的"食医合一"的宝贵传统。

2. 医食同源

饮食养生源于医食同源的思想和实践。饮食养生是通过特定的饮食调理来达到健康长寿目的的理论和实践。

3. 本味主张

味是中国菜肴的灵魂,是人们从看到食物,到食物进入口腔被食用所引起的味感、触感、嗅感和视感的总和。中国菜肴追求原料的自然本味及原料经过调味后的最佳效果。

4. 孔子食道

孔子食道就是孔子的饮食思想和饮食原则。具体就是:饮食追求美好,加工烹制力求恰到好处,遵时守节,不求过饱,注重卫生,讲究营养,恪守饮食文明。

二、饮酌文化

1. 中国酒文化

(1)中国酒的起源。晋代江统所著的《酒诰》记载:"酒之所兴,肇自上皇,或云仪狄,一曰杜康。"现代观点认为酒是谷物、水果、乳汁等通过不同的方式自然发酵的产物,因此,酒的出现可以说不是人类的发明,而是天工的造化,是天然产物。

(2)中国酒的种类。黄酒是中国特有的酿造酒,多以大米为原料,加入专门的酒曲,经糖化、发酵后压榨而成,较有名的有绍兴黄酒、即墨老酒、江苏老酒等;白酒是中国传统蒸馏酒,以谷物及薯类等为原料,经过糖化、发酵、蒸馏制成，较有名的有茅台、五粮液、泸州老窖、汾酒等；葡萄酒是以葡萄为原料经过酿制而成；啤酒是以小麦、大麦或其他杂类麦为原料，经过麦芽糖化，加入啤酒花，利用酵母发酵制成。

（3）中国酒礼、酒道、酒令。

酒礼是指饮酒的礼仪、礼节。中国古代饮酒必先礼拜天、地、鬼、神，后来饮酒逐渐演变成一套象征性的仪式和可行的礼节。现在的酒礼多偏重于宴会规矩，如斟酒、敬酒、祝酒、谢酒等。

酒道源于古代酒礼的传统酒道，主要表现在敬、欢、宜三方面。敬是指表达对尊者、长者、客人等的敬意，但不能强人所难，要随各人之愿；欢是指在酒事活动中欢快、愉悦的意思，不能瞎胡闹；宜是指遵循饮不过量，饮得适宜的原则。

酒令也称为行令饮酒，是酒席上饮酒时劝酒助兴的一种游戏方式，主要有击鼓传花、划拳、掷骰子、猜谜语、抓阄等形式。

2. 中国茶文化

（1）茶文化的产生和发展。茶的利用最初是孕育于野生采集活动之中的，在长期的实践活动中，人们逐渐认识到了茶的止渴、清神、消食、除瘴、利便等药用功效，久服成习，药用之意逐渐减退，茶便成了一种日常饮料。中国茶以文化面貌出现是在汉魏两晋南北朝时期，唐代是中国茶文化的形成时期，在中国茶文化史上具有划时代的意义。这一时期的陆羽出版了《茶经》一书，首次把我国的儒、释、道家思想文化和茶饮过程融为一体，首创中国茶道精神，创立了中国茶文化的基本框架，为茶文化的形成和发展奠定了基础。

（2）中国茶艺。茶艺是指选茶、制茶、烹茶、品茶等茶之艺术。

1）选茶。茶的种类有很多，主要有绿茶、红茶、青茶、花茶、白茶、黑茶、黄茶等。其中，绿茶是将鲜茶叶高温杀青后，经揉捻、干燥后制成，特点是汤清叶绿，属于不发酵茶；红茶是鲜茶叶经萎凋、揉捻，然后进行发酵，叶子变红后干燥而成，特点是红汤红叶，属于全发酵茶；青茶也称乌龙茶，属于半发酵茶，是介于不发酵的绿茶和全发酵的红茶之间的一类茶叶，特点是色泽呈青褐色；花茶是将茶叶和香花拼和，使茶叶吸收花香而成。

2）选水。关于宜茶之水，在陆羽所著的《茶经》中早有论述，他的观点主要是远市井、少污染、重活水、恶死水。故认为山中乳泉、江中清流为佳。后人也多赞同这一观点。

3）茶器。近代茶具多以瓷器、陶器为主，并由盖、碗、托三部分组成。

4）烹制。烹制茶水的方法大致有煮制法、点茶法、泡茶法等。

（3）中国茶道。茶道是指茶艺过程中贯彻的精神，中国茶道以儒家、释家、道家文化为主体，总体基调是博大精深，高雅深沉，重视和谐、宁静、平衡和雅致，作为一种精神活动，从中可以陶冶人的情感、探索人间情理、追求高深的意境。

三、中国节日食俗文化

1. 春节
春节俗称过年，是中华民族最隆重、最热闹的传统节日。旧时从腊月二十三、二十四到正月十五，都属于春节范畴，其中从除夕到正月初三为高峰期。在此期间，人们忙着置办年货、制作新衣、除尘、祭灶、贴春联、挂年画、吃年夜饭等。吃年夜饭必是全家团聚，并且菜品丰富，有酒有鱼，取久久、年年有余之意。

2. 元宵节
元宵节时在农历正月十五，主要活动是张灯结彩、吃元宵。

3. 清明节
清明节正值暮春，人们把扫墓和郊游结合起来，形成了遍及全国的踏青之俗。胶东地区还有食面燕的食俗。

4. 端午节
端午节时在农历五月初五，民间有赛龙舟、吃粽子、喝雄黄酒、放艾草、挂香袋等风俗活动。

5. 七夕节
七夕节又叫乞巧节、女儿节，时在农历七月初七之夜。此节的主要风俗活动是摆设由点心和瓜果组成的巧果宴。

6. 中秋节
中秋节时在农历八月十五，民间有合家团聚赏月，吃月饼、西瓜、螃蟹等风俗活动，寓意团圆美满。

7. 重阳节
重阳节时在九月初九，又名登高节、菊花节。民间有吃重阳糕、饮菊花酒、食螃蟹、登高等风俗活动。

8. 冬至节
冬至节时在农历十一月间，这一天，北半球的白天最短，夜间最长。民间有

"冬至饺子夏至面"的谚语，还有进食羊肉等冬补食品的食俗，以及北方腌制酸菜、南方腌鱼腌肉的习俗。

9. 腊八节

腊八节时在农历十二月初八，主要有喝腊八粥、举行和乐家宴的食俗。

10. 灶王节

灶王节又叫灶神节、小年，时在腊月二十三或二十四。民间有祭祀灶神的风俗，祭灶用灶糖（一种用麦芽熬制而成的黏牙糖），要给灶台除灰、屋除尘。祭灶完毕，全家宴饮。

培训课程 5

酒水基本知识

学习单元　酒水的种类

现代酒店用酒水一词来统称各种营业性饮品，酒吧、水吧、咖啡厅则是提供酒水服务的场所。酒水分为"酒"和"水"，"酒"是指含酒精的饮品，即除水之外，用谷物、水果等含淀粉或糖的物质经发酵制成的含酒精的带刺激性的饮品。"水"是指不含酒精的饮品。

常见的术语包括酒精、酒度。酒精：酒类的主要成分是乙醇，俗称酒精，是一种无色透明、气味飘逸的易燃、易挥发液体。酒度：标准酒度是法国著名化学家盖·吕萨克发明的，是指酒液温度在 20 ℃时每 100 毫升酒液中含有纯酒精的毫升数，又称为盖·吕萨克酒度，通常用百分比表示。美制酒度＝标准酒度 ×2；英制酒度＝标准酒度 ×1.75；英制酒度 ×8/7 ＝美制酒度。

关于酒精饮品中酒精含量的上限，国际上有不同的规定，有些地方是 0.5%，有些地方是 0.7%，有些地方是 1%（最高含量）。用得最多的标准是 0.5%。也就是说，只要饮品中酒精含量大于或等于 0.5%，那么就属于"酒"类，酒精含量小于 0.5%，就归为"水"类。例如，一杯饮料中虽然含有酒精，但只有 0.3%，那么它原则上也归为非酒精饮品类、如一些加了酒的花式咖啡、鸡尾果汁等，虽然含有酒精，但却并非酒精饮品。

一、酒的种类

1. 按制造方法分类

（1）酿造酒。酿造酒又称压榨酒或原汁发酵酒，是指将原料发酵后，直接提取或用压榨法而取得的酒。这类酒酒精含量较低，如黄酒、啤酒、葡萄酒等。

（2）蒸馏酒。原料经发酵后用蒸馏法制成的酒叫蒸馏酒。这类酒酒精含量较高，如白酒、威士忌、伏特加、金酒、白兰地、朗姆酒、特基拉酒、米酒等。

（3）配制酒。配制酒也称兑制酒，是指用一种白酒、果酒或食用酒精做主要原料（通常将这种主要原料称为基酒），再将其他不同的原料与基酒进行兑制而成的新品种酒。如味美思、茴香酒、玛拉加、玛德拉、波特酒、雪利酒等。

2. 按酒精含量分类

（1）高度酒。酒精度在 40 度以上的酒为高度酒。

（2）中度酒。酒精度在 20～40 度的酒为中度酒。

（3）低度酒。酒精度在 20 度以下的酒为低度酒。

3. 按酒的类别分类

（1）白酒。白酒是指以谷物等农副产品为原料，经发酵、蒸馏而成的高酒精含量的酒。酒精含量一般在 50%～60%。

（2）黄酒。黄酒多以谷物为原料，蒸熟后加入专门的酒曲和酒药，利用其中的多种霉菌、酵母菌、细菌等微生物的共同作用酿制而成的低酒精含量的原汁酒。因大多数品种都具有黄亮或黄中带红的色泽，故名黄酒。其酒精含量一般在 12%～18%。

（3）果酒。果酒是指以含糖分较高的水果为主要原料酿制而成的酒品，含有水果的风味。

（4）啤酒。啤酒是指以小麦、大麦或其他杂类麦为原料，经过发酵，加啤酒花酿制而成的低酒精含量的酒。酒精含量一般在 2%～7.5%，素有"液体面包"的美称。啤酒为国际上产量最大的饮料酒。

4. 按配餐方式分类

（1）开胃酒。开胃酒又称餐前酒，餐前饮用能够刺激胃口、增加食欲。开胃酒主要是以葡萄酒或蒸馏酒为原料，加入植物的根、茎、叶、药材、香料等配制而成。适合作开胃酒的酒类品种很多，传统的开胃酒有味美思、雪利酒。

（2）佐餐酒。佐餐酒是正式进餐时饮用的酒，此时可选择一些比较厚重的红葡萄酒和白葡萄酒来搭配主餐。

（3）餐后酒。在西方有喝餐后酒的习俗，餐后酒主要有白兰地、利口酒、奶酒、薄荷酒、君度酒等。

（4）甜食酒。甜食酒又称餐后甜酒，是佐助西餐最后一道食物——餐后甜点时饮用的酒品。通常以葡萄酒作为基酒,加入食用酒精或白兰地以增加酒精含量,也被称为强化葡萄酒,口味较甜。常见的甜食酒有波特酒、雪利酒、玛德拉等。

二、不含酒精的饮品的种类

不含酒精的饮品是指不含酒精或酒精含量低于0.5%的饮料,也叫软饮料。包括碳酸饮料(如可乐、雪碧等)及非碳酸饮料(如茶、果汁、矿泉水、牛奶、咖啡等)。

碳酸饮料,即含碳酸气体饮料的总称。饮用时,其泡沫多而细腻,清凉爽口。主要品种有:柠檬汽水(如雪碧等)、橙汁汽水(如芬达等)、苏打水、汤力水、可乐等。

非碳酸饮料,是指不含碳酸气体的饮料,如茶、果蔬汁、乳饮料等。

 小贴士

> **解酒误区——浓茶解酒**
>
> 酒后不宜饮茶,尤其是浓茶。酒后饮茶对心脏和肾脏有害。对心脏有害是因为酒和茶都可使人兴奋,两者合在一起会加大对心脏的刺激;对肾脏有害是因为酒精在人体内转化为乙醛,浓茶中的茶碱有利尿的作用,可加速尚未分解的乙醛进入到肾脏,乙醛会对肾脏产生较大的刺激和损伤。
>
> 可根据酒后的症状选择相应的解酒食物。例如,酒后头晕可食用西红柿汁;酒后反胃、恶心可食用新鲜葡萄;酒后全身发热可食用西瓜汁;酒后有口气可食用柚子;酒后胃肠不适、颜面发红可食用芹菜汁;酒后烦躁可食用酸奶;酒后心悸、胸闷可食用香蕉。

三、酒的作用

1. 医疗保健

在日常生活中适量饮酒,可达到消除疲劳、镇静安神的作用。不同种类和特性的酒品,其医学功效也各不相同。

2. 交际礼仪

酒作为一种交际媒介,在迎宾送客、聚朋会友、商务沟通等过程中发挥了独到的作用。酒是人际关系的润滑剂,人们往往在酒桌上彼此增进感情、拉近距离。

3. 去腥调香

酒是上好的调料，无论是中餐还是西餐中，常将酒作为烹饪中的添加剂，用以消毒杀菌、去除异味、增添香味等。

4. 情感宣泄

酒能刺激神经中枢，加快心率，促进血液循环，这种刺激在一定条件下，作用于人身上，会产生意想不到的神奇作用，成为才智和胆略的催化剂。

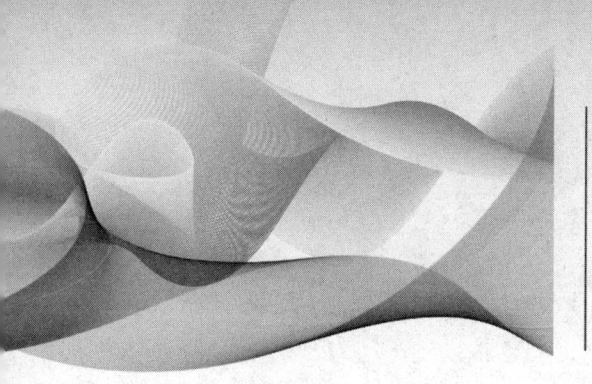

职业模块 6

相关法律法规知识

培训课程

食品安全及餐饮服务业相关法律制度

学习单元1 食品安全法律制度

我国制定了一系列与食品安全有关的法律法规和管理条例（办法），这些涉及食品生产、经营、贮存和运输的相关法律、法规及规范性文件共同构成的有机整体，称为食品安全法律制度体系。包括但不限于《中华人民共和国食品安全法》（以下简称《食品安全法》）、《中华人民共和国食品安全法实施条例》（以下简称《食品安全法实施条例》）、《中华人民共和国野生动物保护法》（以下简称《野生动物保护法》）、《餐饮服务食品安全监督管理办法》等法律法规，以及《餐饮服务食品安全操作规范》《食品安全国家标准 消毒餐（饮）具》等涉及食品安全要求的大量技术标准与规范。

一、立法宗旨

1.《食品安全法》与《食品安全法实施条例》

（1）《食品安全法》。为了保证食品安全，保障公众身体健康和生命安全，我国制定了《食品安全法》。该法于2009年2月28日第十一届全国人民代表大会常务委员会第七次会议通过，于2009年6月1日起施行，并分别于2015年、2018年、2021年进行了修订。

（2）《食品安全法实施条例》。为细化《食品安全法》的过程管理、处罚规定等内容，进一步增强法律制度的可操作性，特制定了《食品安全法实施条例》。该条例于2009年7月20日经中华人民共和国国务院令第557号公布，自公布之日起施行。于2019年3月26日国务院第42次常务会议通过修订，自2019年12月

1 日起施行。

2.《野生动物保护法》

《野生动物保护法》是为了保护野生动物，拯救珍贵、濒危野生动物，维护生物多样性和生态平衡，推进生态文明建设，促进人与自然和谐共生而制定的一部法律。该法于 1988 年 11 月 8 日第七届全国人民代表大会常务委员会第四次会议通过，1989 年 3 月 1 日起施行。后分别于 2004 年、2009 年、2016 年、2018 年、2022 年进行了修订。最新修订的《野生动物保护法》于 2023 年 5 月 1 日起施行。

二、适用范围

1.《食品安全法》《食品安全法实施条例》的适用范围

在中华人民共和国境内从事下列活动，都应当予以遵守：

（1）食品生产和加工（以下称食品生产），食品销售和餐饮服务（以下称食品经营）。

（2）食品添加剂的生产经营。

（3）用于食品的包装材料、容器、洗涤剂、消毒剂和用于食品生产经营的工具、设备（以下称食品相关产品）的生产经营。

（4）食品生产经营者使用食品添加剂、食品相关产品。

（5）食品的贮存和运输。

（6）对食品、食品添加剂、食品相关产品的安全管理。

2.《野生动物保护法》的适用范围

在中华人民共和国领域及管辖的其他海域，从事野生动物保护及相关活动，适用本法。

三、与餐厅服务员相关的主要内容

1. 食品安全基本要求

（1）食品的概念。食品是指各种供人食用或者饮用的成品和原料，以及按照传统既是食品又是中药材的物品，但是不包括以治疗为目的的物品。

（2）食品安全的概念。食品安全是指食品无毒、无害，符合应当有的营养要求，对人体健康不造成任何急性、亚急性或者慢性危害。

（3）食品安全标准。国务院卫生行政部门会同国务院食品安全监督管理、农业行政等部门制定食品安全国家标准规划及其年度实施计划。国务院标准化行政部门提供国家标准编号。食品安全标准是强制执行的标准。除食品安全标准外，不得制定其他食品强制性标准。食品安全标准应当包括下列内容：

1）食品、食品添加剂、食品相关产品中的致病性微生物，农药残留、兽药残留、生物毒素、重金属等污染物质以及其他危害人体健康物质的限量规定；

2）食品添加剂的品种、使用范围、用量；

3）专供婴幼儿和其他特定人群的主辅食品的营养成分要求；

4）对与卫生、营养等食品安全要求有关的标签、标志、说明书的要求；

5）食品生产经营过程的卫生要求；

6）与食品安全有关的质量要求；

7）与食品安全有关的食品检验方法与规程；

8）其他需要制定为食品安全标准的内容。

此外，进口的食品、食品添加剂、食品相关产品应当符合我国食品安全国家标准。

2. 野生动物保护的基本要求

（1）野生动物是指珍贵、濒危的陆生、水生野生动物和有重要生态、科学、社会价值的陆生野生动物。

（2）野生动物及其制品是指野生动物的整体（含卵、蛋）、部分及衍生物。珍贵、濒危的水生野生动物以外的其他水生野生动物的保护，适用《中华人民共和国渔业法》等有关法律的规定。

（3）野生动物栖息地是指野生动物野外种群生息繁衍的重要区域。

任何组织和个人有保护野生动物及其栖息地的义务。禁止违法猎捕、运输、交易野生动物，禁止破坏野生动物栖息地。

社会公众应当增强保护野生动物和维护公共卫生安全的意识，防止野生动物源性传染病传播，抵制违法食用野生动物，养成文明健康的生活方式。

四、在职业活动中的应用

1. 食品生产经营

《食品安全法》第三十三条规定，食品生产经营应当符合食品安全标准，并符合下列要求：

（1）具有与生产经营的食品品种、数量相适应的食品原料处理和食品加工、包装、贮存等场所，保持该场所环境整洁，并与有毒、有害场所以及其他污染源保持规定的距离。

（2）具有与生产经营的食品品种、数量相适应的生产经营设备或者设施，有相应的消毒、更衣、盥洗、采光、照明、通风、防腐、防尘、防蝇、防鼠、防虫、洗涤以及处理废水、存放垃圾和废弃物的设备或者设施。

（3）有专职或者兼职的食品安全专业技术人员、食品安全管理人员和保证食品安全的规章制度。

（4）具有合理的设备布局和工艺流程，防止待加工食品与直接入口食品、原料与成品交叉污染，避免食品接触有毒物、不洁物。

（5）餐具、饮具和盛放直接入口食品的容器，使用前应当洗净、消毒，炊具、用具用后应当洗净，保持清洁。

（6）贮存、运输和装卸食品的容器、工具和设备应当安全、无害，保持清洁，防止食品污染，并符合保证食品安全所需的温度、湿度等特殊要求，不得将食品与有毒、有害物品一同贮存、运输。

（7）直接入口的食品应当使用无毒、清洁的包装材料、餐具、饮具和容器。

（8）食品生产经营人员应当保持个人卫生，生产经营食品时，应当将手洗净，穿戴清洁的工作衣、帽等；销售无包装的直接入口食品时，应当使用无毒、清洁的容器、售货工具和设备。

（9）用水应当符合国家规定的生活饮用水卫生标准。

（10）使用的洗涤剂、消毒剂应当对人体安全、无害。

（11）法律、法规规定的其他要求。

2. 禁止生产经营的食品

《食品安全法》第三十四条规定，禁止生产经营下列食品、食品添加剂、食品相关产品：

（1）用非食品原料生产的食品或者添加食品添加剂以外的化学物质和其他可能危害人体健康物质的食品，或者用回收食品作为原料生产的食品。

（2）致病性微生物，农药残留、兽药残留、生物毒素、重金属等污染物质以及其他危害人体健康的物质含量超过食品安全标准限量的食品、食品添加剂、食品相关产品。

（3）用超过保质期的食品原料、食品添加剂生产的食品、食品添加剂。

（4）超范围、超限量使用食品添加剂的食品。

（5）营养成分不符合食品安全标准的专供婴幼儿和其他特定人群的主辅食品。

（6）腐败变质、油脂酸败、霉变生虫、污秽不洁、混有异物、掺假掺杂或者感官性状异常的食品、食品添加剂。

（7）病死、毒死或者死因不明的禽、畜、兽、水产动物肉类及其制品。

（8）未按规定进行检疫或者检疫不合格的肉类，或者未经检验或者检验不合格的肉类制品。

（9）被包装材料、容器、运输工具等污染的食品、食品添加剂。

（10）标注虚假生产日期、保质期或者超过保质期的食品、食品添加剂。

（11）无标签的预包装食品、食品添加剂。

（12）国家为防病等特殊需要明令禁止生产经营的食品。

（13）其他不符合法律、法规或者食品安全标准的食品、食品添加剂、食品相关产品。

3. 食品生产经营安全管理

根据《食品安全法》的规定，食品生产经营者在食品生产经营过程中应当符合下列要求：

（1）食品生产经营企业应当建立健全食品安全管理制度，对职工进行食品安全知识培训，加强食品检验工作，依法从事生产经营活动。

（2）食品生产者采购食品原料、食品添加剂、食品相关产品，应当查验供货者的许可证和产品合格证明；对无法提供合格证明的食品原料，应当按照食品安全标准进行检验；不得采购或者使用不符合食品安全标准的食品原料、食品添加剂、食品相关产品。

（3）食品生产企业应当建立食品原料、食品添加剂、食品相关产品进货查验记录制度，如实记录食品原料、食品添加剂、食品相关产品的名称、规格、数量、生产日期或者生产批号、保质期、进货日期以及供货者名称、地址、联系方式等内容，并保存相关凭证。记录和凭证保存期限不得少于产品保质期满后六个月；没有明确保质期的，保存期限不得少于二年。

（4）食品生产企业应当建立食品出厂检验记录制度，查验出厂食品的检验合格证和安全状况，如实记录食品的名称、规格、数量、生产日期或者生产批号、保质期、检验合格证号、销售日期以及购货者名称、地址、联系方式等内容，并保存相关凭证。记录和凭证保存期限不得少于产品保质期满后六个月；没有明确保质期的，保存期限不得少于二年。

（5）食品、食品添加剂、食品相关产品的生产者，应当按照食品安全标准对所生产的食品、食品添加剂、食品相关产品进行检验,检验合格后方可出厂或者销售。

(6)食品经营者采购食品,应当查验供货者的许可证和食品出厂检验合格证或者其他合格证明。食品经营企业应当建立食品进货查验记录制度,如实记录食品的名称、规格、数量、生产日期或者生产批号、保质期、进货日期以及供货者名称、地址、联系方式等内容,并保存相关凭证。记录和凭证保存期限不得少于产品保质期满后六个月;没有明确保质期的,保存期限不得少于二年。

(7)食品经营者应当按照保证食品安全的要求贮存食品,定期检查库存食品,及时清理变质或者超过保质期的食品。

(8)食品经营者贮存散装食品,应当在贮存位置标明食品的名称、生产日期或者生产批号、保质期、生产者名称及联系方式等内容。食品经营者销售散装食品,应当在散装食品的容器、外包装上标明食品的名称、生产日期或者生产批号、保质期以及生产经营者名称、地址、联系方式等内容。

4. 食品生产经营人员的健康管理

食品生产经营者应当建立并执行从业人员健康管理制度。患有霍乱、细菌性和阿米巴性痢疾、伤寒和副伤寒、病毒性肝炎(甲型、戊型)、活动性肺结核、化脓性或者渗出性皮肤病等国务院卫生行政部门规定的有碍食品安全疾病的人员,不得从事接触直接入口食品的工作。

从事接触直接入口食品工作的食品生产经营人员应当每年进行健康检查,取得健康证明后方可上岗工作。

5. 食品生产经营的许可证制度

国家对食品生产经营实行许可制度。从事食品生产、食品销售、餐饮服务,应当依法取得食品生产许可。国家对食品添加剂生产实行许可制度。

此外,根据《野生动物保护法》的规定,禁止食用国家重点保护野生动物和国家保护的有重要生态、科学、社会价值的陆生野生动物以及其他陆生野生动物。禁止以食用为目的猎捕、交易、运输在野外环境自然生长繁殖的陆生野生动物。禁止生产、经营使用野生动物及其制品制作的食品。禁止网络平台、商品交易市场、餐饮场所等,为违法出售、购买、食用及利用野生动物及其制品或者禁止使用的猎捕工具提供展示、交易、消费服务。

《野生动物保护法》规定,任何组织和个人有保护野生动物及其栖息地的义务。社会公众应当增强保护野生动物和维护公共卫生安全的意识，防止野生动物源性传染病传播，抵制违法食用野生动物，养成文明健康的生活方式。

学习单元2　餐饮服务业中的食品安全

一、制定宗旨

1.《餐饮服务食品安全操作规范》

《餐饮服务食品安全操作规范》是2018年7月国家市场监管总局发布的。于2018年10月1日起施行。内容涉及餐饮服务场所、食品处理、清洁操作、餐用具保洁以及外卖配送等餐饮服务各个环节的标准和基本规范。

主要目的是为了指导餐饮服务提供者按照食品安全法律、法规、规章、规范性文件要求，落实食品安全主体责任，规范餐饮经营行为，提升食品安全管理能力，保证餐饮食品安全。

2.《食品安全国家标准　消毒餐（饮）具》

《食品安全国家标准　消毒餐（饮）具》（GB 14934—2016）于2016年10月19日发布，2017年4月19日实施。该标准代替了《食（饮）具消毒卫生标准》（GB 14934—1994）。食品安全国家标准的不断更新是为了更好地服务于食品安全，更加适用于实际应用。

二、适用范围

1.《餐饮服务食品安全操作规范》

《餐饮服务食品安全操作规范》适用于餐饮服务提供者包括餐饮服务经营者和单位食堂等主体的餐饮服务经营活动。

2.《食品安全国家标准　消毒餐（饮）具》

《食品安全国家标准　消毒餐（饮）具》适用于餐饮服务提供者、集体用餐配送单位、餐（饮）具集中清洗消毒服务单位提供的消毒餐（饮）具，也适用于其他消毒食品容器和食品生产经营工具、设备。不经清洗直接使用的餐（饮）具可参照执行。

三、与餐厅服务员相关的主要内容

1.《餐饮服务食品安全操作规范》

鼓励和支持餐饮服务提供者采用先进的食品安全管理方法，建立餐饮服务食品安全管理体系，提高食品安全管理水平；鼓励餐饮服务提供者明示餐食的主要原料信息、餐食的数量或重量，开展"减油、减盐、减糖"行动，为消费者提供健康营养的餐食；鼓励餐饮服务提供者降低一次性餐饮具的使用量；鼓励餐饮服务提供者提示消费者开展光盘行动、减少浪费。

2.《食品安全国家标准 消毒餐（饮）具》

（1）感官要求。餐（饮）具应表面光洁，不得有附着物，不得有油渍、泡沫、异味。

（2）理化指标。游离性余氯（mg/100 cm^2）≤ 0.03；阴离子合成洗涤剂（以十二烷基苯磺酸钠计）（mg/100 cm^2）不得检出。

（3）微生物限量。大肠菌群：发酵法（/50 cm^2）不得检出；纸片法（/50 cm^2）不得检出；沙门氏菌（/50 cm^2）不得检出。

（4）其他要求。所用洗涤剂、消毒剂应符合 GB 14930.1、GB 14930.2 的规定。

四、在职业活动中的应用

1.《餐饮服务食品安全操作规范》

（1）餐饮服务场所。

1）具有与经营的食品品种、数量相适应的场所、设施、设备，且布局合理。应选择与经营的餐食相适应的场所，保持该场所环境清洁。餐饮服务场所的墙壁、地板无缝隙，天花板修葺完整。

2）饲养和宰杀畜禽等动物的区域，应位于餐饮服务场所外，并与餐饮服务场所保持适当距离。

3）需经常冲洗的场所（包括粗加工制作、切配、烹饪和餐用具清洗消毒等场所，下同），应铺设 1.5 米以上、浅色、不吸水、易清洗的墙裙。各类专间的墙裙应铺设到墙顶；需经常冲洗的场所及各类专间的门应坚固、不吸水、易清洗；需经常冲洗的场所和排水沟要有一定的排水坡度。排水沟内不得设置其他管路，侧面和底面接合处宜有一定弧度，并设有可拆卸的装置。排污口位于餐饮服务场所外。

4）烧烤场所应具有良好的排烟系统。

5）营业期间，应开启包间等就餐场所的排风装置，包间内无异味。

6）在餐饮服务场所外适宜地点，宜设置结构密闭的废弃物临时集中存放设施。

7）应根据餐饮服务场所的布局、面积及灭蝇灯使用技术要求，确定灭蝇灯的安装位置和数量。不得在食品处理区和就餐场所存放卫生杀虫剂和杀鼠剂产品。应设置单独、固定的卫生杀虫剂和杀鼠剂产品存放场所，存放场所具备防火防盗通风条件，由专人负责。

（2）食品处理。

1）食品处理区应设置在室内，并采取有效措施，防止食品在存放和加工制作过程中受到污染。

2）食品处理区加工制作食品时，如使用燃煤或木炭等固体燃料，炉灶应为隔墙烧火的外扒灰式。

3）食品处理区天花板的涂覆或装修材料耐高温、耐腐蚀。天花板与横梁或墙壁结合处宜有一定弧度。水蒸气较多区域的天花板有适当坡度。清洁操作区、准清洁操作区及其他半成品、成品暴露区域的天花板平整。

4）食品处理区墙壁的涂覆或铺设材料无毒、无异味、不透水。墙壁平滑、无裂缝、无破损，无霉斑、无积垢。

5）食品处理区的门、窗闭合严密、无变形、无破损。与外界直接相通的门和可开启的窗，应设置易拆洗、不易生锈的防蝇纱网或空气幕。与外界直接相通的门能自动关闭。

6）食品处理区地面的铺设材料应无毒、无异味、不透水、耐腐蚀。地面平整、无裂缝、无破损、无积水积垢。

7）食品处理区应设置足够数量的洗手设施。

8）食品处理区应有充足的自然采光或人工照明设施，工作面的光照强度不得低于220勒克斯，光源不得改变食品的感官颜色。

9）食品处理区内不得从事可能污染食品的活动。

10）食品处理区内可能产生废弃物的区域，应设置废弃物存放容器。

11）食品处理区、就餐区宜安装粘捕式灭蝇灯。使用电击式灭蝇灯的，灭蝇灯不得悬挂在食品加工制作或贮存区域的上方，防止电击后的虫害碎屑污染食品。

12）定期清洁食品处理区设施、设备。食品处理区内的从业人员不宜化妆，应戴清洁的工作帽，工作帽应能将头发全部遮盖住。

（3）清洁操作。

1）清洁操作区指为防止食品受到污染，清洁程度要求较高的加工制作区域，包括专间、专用操作区。

2）由专人加工制作。加工制作人员应穿戴专用的工作衣帽并佩戴口罩。加工制作人员在加工制作前应严格清洗消毒手部，加工制作过程中适时清洗消毒手部。

3）应使用专用的工具、容器、设备，使用前进行消毒，使用后洗净并保持清洁。

4）在专用冷冻或冷藏设备中存放食品时，宜将食品放置在密闭容器内或使用保鲜膜等进行无污染覆盖。

5）加工制作的水果、蔬菜等，应清洗干净后方可使用；加工制作好的成品应当餐供应。

6）现调、冲泡、分装饮品可不在专用操作区内进行；不得在专用操作区内从事非专用操作区的加工制作活动。

7）需要烧熟煮透的食品，加工制作时食品的中心温度应达到70 ℃以上。对特殊加工制作工艺，中心温度低于70 ℃的食品，餐饮服务提供者应严格控制原料质量安全状态，确保经过特殊加工制作工艺制作成品的食品安全。

8）盛放调味料的容器应保持清洁，使用后加盖存放，宜标注预包装调味料标签上标注的生产日期、保质期等内容及开封日期。

9）清洁操作区与其他操作区从业人员的工作服应有明显的颜色或标识区分；专间内从业人员离开专间时，应脱去专间专用工作服。

（4）餐用具保洁。

1）消毒后的餐饮具、盛放或接触直接入口食品的容器和工具，应定位存放在专用的密闭保洁设施内，保持清洁。

2）保洁设施应正常运转，有明显的区分标识。

3）定期清洁保洁设施，防止清洗消毒后的餐用具受到污染。

4）使用的洗涤剂、消毒剂应分别符合《食品安全国家标准 洗涤剂》（GB 14930.1）和《食品安全国家标准 消毒剂》（GB 14930.2）等食品安全国家标准和有关规定。

5）严格按照洗涤剂、消毒剂的使用说明进行操作。

（5）外卖配送。

1）餐饮外卖。

①送餐人员应保持个人卫生。外卖箱（包）应保持清洁，并定期消毒。

②使用符合食品安全规定的容器、包装材料盛放食品，避免食品受到污染。

③配送高危易腐食品应冷藏配送，并与热食类食品分开存放。

④从烧熟至食用的间隔时间（食用时限）应符合以下要求：烧熟后2小时，食品的中心温度保持在60 ℃以上（热藏）的，其食用时限为烧熟后4小时。

⑤宜在食品盛放容器或者包装上，标注食品加工制作时间和食用时限，并提醒消费者收到后尽快食用；宜对食品盛放容器或者包装进行封签。

⑥使用一次性容器、餐饮具的，应选用符合食品安全要求的材料制成的容器、餐饮具，宜采用可降解材料制成的容器、餐饮具。

2）食品配送。

①一般要求。不得将食品与有毒有害物品混装配送；应使用专用的密闭容器和车辆配送食品，容器的内部结构应便于清洁；配送前，应清洁运输车辆的车厢和配送容器，盛放成品的容器还应经过消毒；配送过程中，食品与非食品、不同存在形式的食品应使用容器或独立包装等分隔，盛放容器和包装应严密，防止食品受到污染；食品的温度和配送时间应符合食品安全要求。

②中央厨房的食品配送。食品应有包装或使用密闭容器盛放。容器材料应符合食品安全国家标准或有关规定；包装或容器上应标注中央厨房的名称、地址、许可证号、联系方式，以及食品名称、加工制作时间、保存条件、保存期限、加工制作要求等；高危易腐食品应采用冷冻（藏）方式配送。

③集体用餐配送单位的食品配送。食品应使用密闭容器盛放。容器材料应符合食品安全国家标准或有关规定；容器上应标注食用时限和食用方法；从烧熟至食用的间隔时间（食用时限）应符合一定的要求。

2.《食品安全国家标准 消毒餐（饮）具》

《食品安全国家标准 消毒餐（饮）具》（GB 14934—2016）在职业中的应用，主要涉及附录A餐（饮）具采样方法、附录B大肠菌群检验方法和附录C沙门氏菌检验方法。主要适用于餐（饮）具大肠菌群、沙门氏菌及致病菌的检验。